あなたと読んだ絵本のきろく

柴田幸子

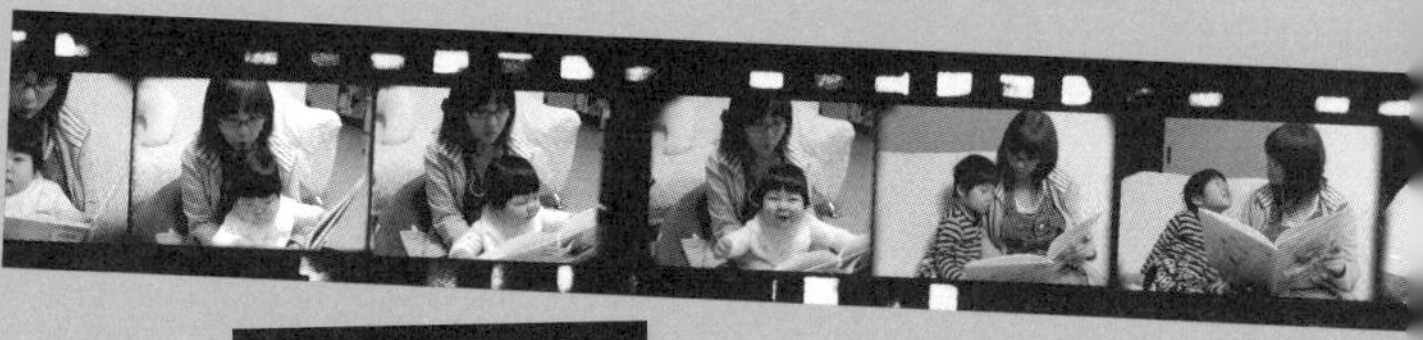

そして大切な学校図書館のこと

石風社

読み聞かせを一番楽しんだ娘に

Chapter 1

子育てしながら読み聞かせた絵本や、人生で出会った大切な本のこと。

contents

contents

Chapter 2

子どもたちの未来のために、図書館のことをもっと大切に考えたい。

Chapter 3

身近に図書館がほしいと思っているひとりの市民としていま心配なこと。

contents

写真　酒井咲帆（アルバス写真ラボ）
＊大扉及び★マークは著者提供

chapter 1

子育てしながら
読み聞かせた絵本や、
人生で出会った
大切な本のこと。

「ぱんつをきたらどうなる？」

『どうすればいいのかな？』
わたなべしげお〈文〉 おおともやすお〈絵〉
福音館書店

二男が三歳の時、『どうすればいいのかな？』を読んで聞かせました。「しゃつをはいたらどうなる？　どうすればいいのかな？」。ページをめくると「そうそう、しゃつはきるもの」と、くまくんの満足そうな顔。

「ぱんつをきたらどうなる？」と読むと二男が笑います。すると六歳の姉、八歳の兄まで、どれどれと寄ってきて、一緒に耳を傾けます。「どうすればいいのかな？」、「そうそう、ぱんつははくもの」。

次に「ぼうしをはいたらどうなる?」、「くつをかぶったらどうなる?」と続きます。この二四ページの小さな本を繰り返し読みました。

するとそのうち、「セーターをはいたらどうなる?」と兄が尋ね、「どうすればいいのかな?」と姉、「そうそう、セーターはきるもの」と二男が答えます。また、「スカートをきたらどうなる?」とか「靴下をかぶったらどうなる?」という質問が出ます。やがて、「石けんを食べたらどうなる?」、「おなかが泡だらけになる。どうすればいいのかな?」「そうそう、石けんはからだを洗うもの」という具合に、兄弟三人で、次々に質問が飛び出し、「そうそう、……」で落ち着くのでした。

この絵本をきっかけに、子どもは自分たちで、次々とイメージをふくらませ、言葉の世界を広げていったのです。

(*対象=1〜4歳、博多市民センター図書室「らいぶらり博多」四九号、一九九四年五月)

豊かな言葉の第一歩

『あがりめ さがりめ』
いま きみち〈作〉福音館書店
『じゃあじゃあびりびり』
まつい のりこ〈作〉偕成社

子どもたちの心の荒廃が問題になり、心を育てる教育が叫ばれて久しい現代。「ムカック」とか「キレル」という言葉を耳にすると、そういう言葉でしか自分の心の状態を表現できないのかと、子どもたちの言葉の貧しさを感じます。私たち大人の責任ではありますが。

児童文学者の松居直氏が「豊かな心を持つには豊かな言葉を持つことが必須条件」と語っています。心の貧しさは言葉の貧しさであり、それは思考の貧しさにつながります。

人は言葉によって物事を読み解き、思考します。言葉によって自己の存在を確認し、他とのコミュニケーションを図ります。中学生のナイフによる傷害事件など衝動的暴力に走る子どもは、言葉の世界がとても貧しいのではないでしょうか。

幼い時から豊かな言葉の世界にふれてほしいと思い、乳幼児を持つ母親の子育てグループに絵本の読み聞かせの〝出前〟に行っています。本やお話を通して、言葉の豊かな、心の豊かな子どもに育ってほしいと願って、『あがりめ さがりめ』や『じゃあじゃあびりびり』を読んでいます。

（＊対象＝0〜2歳、「西日本新聞」一九九八年七月一〇日）

聞く力を育てる

『がたん ごとん がたん ごとん』
安西水丸〈作〉福音館書店

子どもたちに本を読み聞かせていて、ある子どもはスッとお話の世界に入ってくるのに、別の子どもにはお話が届かないもどかしさを感じることがあります。それは、人の話に耳を傾けて聞こうとする聞く力が育っているかいないかの違いのようです。

言葉を覚え始める時期の子どもに、身近にいる大人がどれだけ豊かな言葉、温かい心のこもった言葉を語りかけたかの違いでもあります。言葉が子どものなかに育ち、お話や本が楽しいと思った子どもは自然に読書好きになります。読書とは字が読めることではありません。字が読めるようになる前の段階で、豊かな感情のこもった言葉を父母を初めとする大人からたくさんかけてもらうことが大切です。

『がたん ごとん がたん ごとん』『くだもの』『どうぶつのおかあさん』『じどうしゃ』などを、言葉を覚え始める時期の子どもに読んであげてほしいものです。

（＊対象＝０～２歳、「西日本新聞」一九九一年一二月三〇日）

考えてみたいこと　一

ブックスタート運動

赤ちゃんに絵本を読んで聞かせることで親子のふれあいを深めてもらおうと、〇歳児がいる家庭に絵本を贈る「ブックスタート」運動が各地に広がっています。

一九九二（平成四）年、イギリスのバーミンガムで始まり、日本では「子ども読書年推進会議」を母体に二〇〇一（平成一三）年に「ブックスタート支援センター」（二〇〇二年に「NPOブックスタート支援センター」に改称）が設立されて、この事業は各地に広がってきました。

二〇〇三（平成一五）年一〇月末現在で五五〇以上の自治体が支援事業を手がけていると

いいます（「朝日新聞」二〇〇三年一一月一一日夕刊）。

福岡市でも九月議会で、山崎市長（当時）が「ブックスタートを実施する」と答弁。来年度から乳児の四ヵ月健診のときに絵本を贈ることになりました。赤ちゃんの身体の発育に母乳やミルクが必要なように、心と言葉をはぐくむには抱っこして話しかけることが大切です。ブックスタートは、絵本を介して赤ちゃんに話しかけてほしいという、子育ての提案なのです。地域の保健所で行われる乳児健診の場に図書館員と読書ボランティアが出向き、図書館員が事業の目的を一人一人の保護者に伝えながら絵本を渡し、ボランティアが読み聞かせやわらべうたの実演をしてみせるというのが、多くの自治体で行われているやり方です。

福岡市では、すでに昨年（二〇〇二年）九月から類似事業「絵本ふれあいタイム」が実施されています。各区（七区）の保健センターで行われている四ヵ月健診に訪れた親子に、各区図書館の「おはなし会」のメンバーが中心になって、ボランティアで「絵本ふれあいタイム」の趣旨をお話しし、わらべうたや絵本の紹介をしています。私も博多図書館おはなし会の一員として博多保健センターに出向いています。

福岡市は各区の図書館分館の職員の勤務状況が厳しく、保健センターに出向くことができないので、現場は保健センターの職員とボランティアにまかされています。しかし、ブックスタートに切り替わる来年度（二〇〇四年度）こそは図書館員が四ヵ月健診に出向き、保健センターと読書ボランティアの三者の協力のもとにブックスタート事業を推進してほしいものです。

図書館員が加わることによって、絵本のなかに図書館の貸し出しカードの申込書を添えることができ、登録する親子が増えたという他都市の成果を耳にします。ブックスタートをきっかけにして、子どもの成長に応じて、継続的に本と出会える環境を整える必要があると思います。ここに、図書館が責任を持つ部局として加わってほしい理由があります。〇、一、二歳児向けのおはなし会を開いてフォローアップをはかる図書館も増えています。なんといっても赤ちゃんを連れて歩いて行ける範囲に図書館があることが望まれますが。

（「身近に図書館がほしい福岡市民の会」〈以下「身」〉会報三九号、二〇〇三年一一月二一日）

絵本選びは成長に合わせて

『きつねとねずみ』ビアンキ〈作〉内田莉莎子〈訳〉
山田三郎〈絵〉福音館書店
『はなをくんくん』ルース・クラウス〈文〉
マーク・サイモント〈絵〉きじまはじめ〈訳〉
福音館書店
『はけたよ　はけたよ』
かんざわとしこ〈文〉にしまきかやこ〈絵〉偕成社
『どろんこハリー』ジーン・ジオン〈文〉
マーガレット・ブロイ・グレアム〈絵〉
わたなべしげお〈訳〉福音館書店

『おふろだいすき』松岡享子〈作〉林明子〈絵〉
福音館書店

「きつねのだんなが、やってきた。じろ。じろ。じろ。なにかいいことないかなあ」で始まる『きつねとねずみ』を読んで聞かせたのは、二男が二歳半のころでした。それ以来、口の重い二男が家具と壁のすきまから顔をのぞかせて「じろ、じろ、じろ」と言っているのでした。

冬眠していた動物たちが鼻をくんくんさせて雪原を駆けていく、白黒の美しい絵本『はなをくんくん』を初めて二男に読み聞かせたときの感動は忘れられません。最後のページを開けたとき、そこに描かれたたった一つの黄色い花を指さして、「たんぽんぽん」（たんぽぽのこと）と叫んだのでした。

三歳半になっても自分でパンツがはけなかった二男。入り口が一つで出口が二つということがどうしてものみこめないのです。そのころ読んだのは『はけたよ　はけたよ』でした。

彼は庭の木でセミが鳴くと網を持って駆けつけ、アリやカタツムリを見つけては大喜びし、水遊びや砂遊びで真っ黒になりました。泥んこでどこの犬か分からなくなってしまう

『どろんこハリー』のように。

一日一日と広がっていく子どもの心の成長に合わせて、一緒に絵本を読んでいったら、素晴らしい育児になるし、育児も楽しくなることでしょう。

この二男は、おふろ嫌いで、入れるのに一苦労。そんなとき、新聞に『おふろだいすき』が紹介されていました。早速買い求め、読んで聞かせました。〝ぼく〟がアヒルのプッカとおふろに入ると、カメ、ペンギン、オットセイ、カバ、クジラと次々に動物が現れる楽しい絵本。読み終えると、彼が「おふろに入るよ」と言います。私はただただびっくり。この本は彼のおふろのイメージを変えてしまったのでしょうか。それ以来、二男は「おふろ、だーいすき」になったのでした。


（＊対象＝2～7歳、「西日本新聞」一九八三年七月二〇日）

美しいチョウになるために

『はらぺこあおむし』

エリック＝カール〈作〉もりひさし〈訳〉
偕成社

庭のみかんの葉にアゲハチョウが毎年、卵を生みます。長男や二男は小学生のころ、五、六月になるとアゲハチョウの幼虫（青虫）を虫かごに飼って観察しました。青虫は食欲が旺盛で、毎日、何枚かの新しいみかんの葉を、一番太い葉脈を残してペロリと食べ、コロコロと緑色のふんをします。そんなに食べておなかは大丈夫？　と心配になったものです。

『はらぺこあおむし』という絵本があります。日曜日に卵から生まれたちっぽけな青虫は、おなかがぺっこぺこ。月曜日にりんごを一つ、火曜日になしを二つ、水曜日にすももを三つという具合に食べていきます。食べたところに丸い穴があいていくところが楽しい。

木曜日にはいちごを四つ。金曜日にはオレンジを五つ。そして土曜日に食べたものは、チョコレートケーキとアイスクリームとピクルスとチーズとサラミと……。その晩、青虫はおなかが痛くて泣いたって。

次の日の日曜日には緑の葉を食べ、おなかの具合も良くなりました。ちっぽけだった青虫は、大きく太っちょになりました。まもなく、さなぎになって何日も眠ります。

そして、やがて、さなぎの皮をぬいで出てきます。美しいチョウになる場面は感動的。

おはなし会でこの本を読んだ時、この場面で、思いがけず拍手がおこりました。

（＊対象＝3～5歳、博多市民センター図書室「らいぶらり博多」三九号、一九九三年七月）

誰だって最初は「聞く読書」

『てぶくろ』エウゲーニー・M・ラチョフ〈絵〉
うちだりさこ〈訳〉福音館書店
『三びきのやぎのがらがらどん』
マーシャ・ブラウン〈絵〉せたていじ〈訳〉
福音館書店

読書とは「書を読む」と書くので、自分で本を読むのでないと読書ではないと思っている人が多いようです。文字を覚え、読み書きできるようになるのは小学校に入ってからですから、それまでは読書はできないことになってしまいます。

そうではなく、幼児期に親が絵本を読んで聞かせたり、昔話を聞かせたりして、子どもが「耳で聞く読書」を体験することが大事です。子どもの読書の基礎が五歳で成り立つことは案外、知られていません。

人間は赤ちゃんの時から聞くという形で言葉の生活に入っていきます。聞きながら言葉の数を増やしていきます。三、四歳で言葉の能力が飛躍的に伸び、自分で頭の中にイメージを描くことができるようになります。この時期に、すぐれた昔話絵本『てぶくろ』（ウクライナ民話）や『三びきのやぎのがらがらどん』（北欧民話）などを読んで聞かせてほしいと思います。人間らしい感性が育っていく時期です。

（＊対象＝3〜6歳、「西日本新聞」一九九四年五月九日）

好きな本は、ゆっくり、くり返し

『かばくん』
岸田衿子〈作〉中谷千代子〈絵〉福音館書店

一〇月二七日から一一月九日までは読書週間。今年のテーマは「ゆっくりと各駅停車、本の旅」です。スピードの速い時代、速いことに価値をおく現代に「ゆっくりと」というのはなかなか難しい。一般に本を読むのも速くなっているようです。作家の高樹のぶ子さんが「一冊を三時間で読んだというのはザラだ。作家が力を入れて書いたものをもっと時間をかけて読んでほしい」と話していました。時には一ページ一ページを丹念に、立ち止まったり前に戻ったりして、ゆっくりと読書を楽しみたいものです。

二男が三歳のころ、『かばくん』という絵本が好きになり、毎日読んで聞かせました。そばで聞くともなく聞いていた兄や姉までが、そらで覚えるほど読まされました。児童文学者の松居直氏が「子どもが夢中になれる一冊の絵本を発見できたことは、幼児期に人生の宝物を見つけたようなもの。繰り返し読んであげてください」と語っています。

幼い子どもは何十回でも同じ本を読んでもらい、ゆっくりと心を育てていくものなのかと感心しました。

（＊対象＝3〜6歳、「西日本新聞」一九九三年一〇月二七日）

奔放な命の輝きに

『かいじゅうたちのいるところ』
モーリス・センダック〈作〉
じんぐうてるお〈訳〉冨山房

帝王切開で生まれた孫は、二八〇〇グラム足らずの小さな赤ん坊でした。北海道に駆けつけ抱いた時、「掌《たなごころ》に重い」とはこのことかと感じたものです。

三ヵ月のころだったでしょうか。やっと眠ったと、ふとんに寝かせるとすぐ起きてしまい、ずっと抱いていなければならないので、ひじが痛むと息子の嫁がいうのです。そんな新米ママの悲鳴を聞いて駆けつけて、「ねんねこしゃっしゃりませ　寝た子のかわいさ……」と歌って寝かせました。福岡に来た六ヵ月のころ、赤ちゃん絵本を読んで聞かせると手足をバタバタして反応しました。九ヵ月のころ、いないいないばあをして遊びました。「いないいないない」と顔をかくすと不安そうな顔をし、「ばあ」と顔を見せると笑います。

先月、一歳半で福岡に来た孫はテレビのスイッチを押しまくり、コンセントには何でも差し込もうとするし、扉は開けまわります。家族の皆から「ダメ、ダメ」と言われた孫に絵本『かいじゅうたちのいるところ』を贈りたいと思います。

（＊対象＝3〜5歳ごろ、「西日本新聞」二〇〇八年四月二六日）

読み手といっしょにお話の世界へ

『くんちゃんのだいりょこう』
ドロシー・マリノ〈文・絵〉石井桃子〈訳〉
岩波書店

市民センター図書室で、時々、子どもたちに絵本を読んで聞かせています。一冊を読むのに五、六分ほどの本なのですが、読んでいる私の言葉が子どもに受け止められないで、頭の上を素通りしているような虚しさを感ずることがあります。

七、八年前、わが子や近所の子どもに本を読んで聞かせたころは、読み手の私と聞き手の子どもたちが手を取り合って本の中のお話の世界を旅したものです。読み終えると「ああ面白かった」という共感と充実感を覚えました。そのころに比べ、子どもの聞く力が一段と弱くなったようです。テレビから流される言葉のスピードが速くなったことと無関係ではないでしょう。

つけっぱなしのテレビの雑音のなかで暮らす子どもは、聞き流すことはしても、耳を傾けて言葉を聞くことを体得しないまま大きくなってしまいます。そうすると、学校で先生の話を聞けないし、授業も分からないのではないでしょうか。

静かな環境のなかで、『くんちゃんのだいりょこう』などを読んで聞かせたら、幼い子どもは耳を傾け、読み手と一緒にお話の世界を旅することでしょう。

（＊対象＝4〜7歳、「西日本新聞」一九九〇年九月二八日）

ときにはテレビを消して

『おおきなおおきなおいも』
赤羽末吉〈作・絵〉福音館書店

三〇年ほど前、私たちが子どものころは、ラジオで聞くドラマや本で読む物語に、想像する楽しみを持ったものでした。今の子どもが置かれている状況を見ると、あまりにも目に見えるものに置き換えられて差し出され、しかも、刺激が多すぎる気がします。そういう視覚化の代表格がテレビです。

目に見える世界だけでなく、目には見えない想像の世界も知って、子どもたちが大きくなってほしいと願っています。長時間テレビの前で過ごす子どもたちは、心の中の世界を豊かにする機会や、空想する楽しみを奪われているといえます。人間としての心の発達にゆがみをもたらすことになるでしょう。子どものいじめ、青少年の自殺、若者の無気力はそのことと無関係ではないと思います。

ときにはテレビのスイッチを切って、想像力をかきたてるような絵本『おおきなおおきなおいも』などを読んで聞かせたらどうでしょう。

（＊対象＝４〜７歳、「西日本新聞」一九八七年一月一三日）

「お母さんが一番好きだよ」

「おかあさんのたんじょう日」
（『おかあさんだいすき』所収）
マージョリー・フラック〈文・絵〉
光吉夏弥〈訳〉岩波書店

わが子たちが小学生のころのこと。ある夕食時、小学六年の兄と四年の姉が、クラスの中に好きな子がいるとかいないとか話していました。それを聞いていた二男が、「僕はお母さんが一番好きだよ」と言ったので大笑いになりました。わが子たちと読んだ本『おかあさんだいすき』には二つのお話が収められています。その一つ、「おかあさんのたんじょう日」を紹介します。

幼い男の子ダニーは、お母さんの誕生日に何か贈り物をあげたいと一所懸命考えます。そして、めんどり、がちょう、やぎ、ひつじ、めうしに相談しますが、いいものが浮かびません。最後に森のくまさんから、いいことを教えてもらいます。どんなことなのでしょう？　最後のページで、ダニーはおかあさんの首にギュッと抱きつきます。そうやって、

★

ほおずりしてあげるのが一番いい贈り物だよ、とくまさんは教えたのでした。

今、中学二年になった二男は私に「クソババ」と言います。思春期とは大海原を独りでボートで行くようなものだといいます。親はハラハラしながらも、わが子を見守ることしかできません。けれど、かつて「お母さんが一番好きだよ」と言った言葉を思い出すと、子どもを信頼できる気がするから不思議です。

幼い時に本を読んで聞かせることで、愛情と言葉を届けることができたかな（大きくなってからでは親の言葉に耳を貸さない）と思うこのごろです。


（＊対象＝4〜6歳、博多市民センター図書室「らいぶらり博多」三〇号、一九九二年一〇月）

時間に追われる子どもたち

「てんぐとかっぱとかみなりどん」（紙芝居）
かこさとし〈脚本〉二俣英五郎〈画〉童心社

小学生の四割がチック症や不眠という調査結果が「西日本新聞」夕刊に載っていました。さもありなんと思われます。

ある土曜日の午後、公民館の図書室で子どもたちに紙芝居「てんぐとかっぱとかみなりどん」を演じていた時のこと。お話がヤマ場にかかり主人公の運命やいかにと気持ちが高揚していた時、突然ドアが開き、ある母親が「○○ちゃん、そろばん教室の時間やろうが」と呼びました。残念そうに部屋を出ていった子どもの顔が忘れられません。

本の貸し出し中に「おばちゃん、今何時?」と何度も尋ねる子どもは「△時から塾がある」と言います。子どもたちが大人同様に時間に追われています。

お話の中に夢中になって入りこみ、主人公と一体になって喜んだり悲しんだり、山あり谷ありの冒険をして「ああ面白かった」と満足感に浸る。そういう満足感が子どもの心を育てていきます。時間を忘れて自然のなかで遊び、心を成長させていきます。大人は子どもにたっぷりとした自由な時間を保障してやってほしいものです。

(*対象=6~9歳、「西日本新聞」一九九二年一月三一日)

声援のない紙芝居

「わっしょいわっしょい　ぶんぶんぶん」（紙芝居）
かこさとし〈脚本〉宮下森〈画〉童心社

公民館で幼児や小学生に絵本を読み聞かせています。一〇年ほど前の子どもたちは、面白い時には身を乗り出して聞き、笑い声があがりました。つまらない時は大きなあくびが返ってきて苦笑しました。

紙芝居を始めると、元気な男の子たちから「待ってました」と声がかかります。「わっしょいわっしょい　ぶんぶんぶん」を演じていて、主人公が悪者に負けそうになると、「負けるな」、「がんばれ」と声援が飛び、読み手の私の声にも思わず力が入ったものでした。

面白い本はその場で借り出されました。次の時に「あの本、今日も読んでね」と催促されることもありました。そういうふれあいは今も心に残り忘れがたいものです。その子たちは今、高校生。

あれから四、五年たつころから子どもたちの様子が変わってきました。礼儀正しく静かに聞くのですが、反応がないのです。面白いのかつまらないのか、はっきりしません。子どもらしい生き生きした様子がなくなっているのではと気がかりです。何が原因なのでしょうか。

（＊対象＝5～8歳、「西日本新聞」一九九三年三月二四日）

笑えば元気が出てくる

「あくびがでるほどおもしろい話」（『おはなしのろうそく5』所収）
松岡享子〈作〉東京こども図書館〈編〉
『11ぴきのねことあほうどり』
馬場のぼる〈作〉こぐま社

「ここから北へ北へとすすんでいったある南の国に……」で始まる、ごく短いお話「あくびがでるほどおもしろい話」を、わが子に聞かせたことがあります。「あんまり腹いっぱい食べたので、おなかがペコペコになったそうな」と終わると、大笑い。

子どもはナンセンスな話が大好きです。でも今の子どもたちは、テレビや漫画の影響のせいか、くすぐりには反応するけれども、健康な笑いやユーモアが少ないようで気にかかります。

子ども時代に、とびきり愉快な話を聞いて腹をかかえて笑う。そんな経験をたくさんした子は、これから先の人生で困難や苦難にぶつかった時、持ち前のユーモアで乗り切っていけるのではないでしょうか。

気持ちが落ちこんだ時、わが家ではよく、馬場のぼるさんの絵本『11ぴきのねことあほうどり』を読みました。読むたびにおかしく、おかしくて笑っているうちに元気が出てくる不思議な本でした。

これは『11ぴきのねこ』のシリーズの二作目で、ほかに『11ぴきのねことぶた』や『11ぴきのねこ　ふくろのなか』、『11ぴきのねことへんなねこ』があります。絵巻絵本『11ぴきのねこ　マラソン大会』も楽しい作品です。

（＊対象＝5～8歳、博多市民センター図書室「らいぶらり博多」三二号、一九九二年一二月）

みんなで一緒に「うんとこしょ」

『おおきなかぶ』A・トルストイ〈再話〉
内田莉莎子〈訳〉佐藤忠良〈画〉福音館書店

二男が小学一年の時、二男のクラスの児童に『おおきなかぶ』を読み聞かせたことがあります。この本は知っている子も多いと思い「うんとこしょ　どっこいしょ」のところは児童にも一緒に言ってもらうことにしました。まず、おじいさんがかぶを引っ張って「うんとこしょ　どっこいしょ」。次におばあさんも一緒に「うんとこしょ　どっこいしょ」。絵に迫力があるので子どもたちの声にも力が入ります。最後にネズミも加わって「うんとこしょ　どっこいしょ」。やっとかぶは抜けました。と、子どもたちのほうを見ると、満足そうな顔、顔、顔。四〇人の児童と私とで、実際に、一緒にかぶを引っ張ったような一体感が生まれた本でした。

（＊対象＝3～7歳、「福岡市政だより」一九九四年二月一五日）

★

心の中にサンタの部屋を

『サンタクロースってほんとにいるの?』
てるおかいつこ〈文〉すぎうらはんも〈絵〉
福音館書店

『さむがりやのサンタ』
レイモンド・ブリッグズ〈作・絵〉
すがはらひろくに〈訳〉福音館書店

私たちが子どものころは、楽しみの少ない時代だったこともあり、クリスマスは待ち遠しい日でした。今の子どもたちにとっても、サンタクロースが心待ちにされる存在であってほしいものです。

児童文学者の松岡享子氏が著書『サンタクロースの部屋』のなかで、次のように書いています。「幼い日に、心からサンタクロースの存在を信じることは、その人の中に、信じるという能力を養う」、「サンタクロースその人は、いつかその子の心の外へ出ていってしまうだろう。だが、サンタクロースが占めていた心の空間は、その子の中に残る」、「のちに、いちばん崇高なものを宿すかもしれぬ心の場所が、実は幼い日にサンタクロースを住まわせることによってつくられるのだ」と。

わが子たちも小学三、四年まで、その存在を信じていました。ですから、財布の中身と相談しながらプレゼントに頭を悩ませたことが懐かしい。最近、目に見えないものは、月のウサギもサンタクロースも信じない子どもが増えているといいます。でも、本当は「サンタクロースの話をするのは、子どもをだますことだというふうに考えるおとなが、子どもの心のふしぎの住むべき空間をつぶし、信じる能力を奪っている」(前述の本)のではないでしょうか。

子どもが「サンタさんいるの?」と尋ねてきたら、『サンタクロースってほんとにいるの?』や『さむがりやのサンタ』などを読んで聞かせてほしいと思います。

(*対象=5~10歳、「東奥日報」一九九六年一二月一一日)

正しく生きぬく力を

『白雪姫と七人の小人たち』
ナンシー・エコーム・バーカート〈画〉
八木田宜子〈訳〉冨山房

大蔵省や日銀の汚職、中学生のナイフ事件のニュースに接し、今こそ、子どもたちに昔話を聞かせたいと思いました。昔話は勧善懲悪で、悪人はいつもひどい目にあいます。「悪事は引き合わない、という確信の方がずっと、悪事を制止する力がある」とアメリカの精神分析学者ブルーノ・ベッテルハイム博士は述べています（『昔話の魔力』）。子どもが主人公を魅力的だと感じて、自分と同一視し、その主人公と共にさまざまな試練に耐え、正義は最後には勝つことによって、子どもの心に道徳性を焼き付けるという意味のことも書いています。グリムの『白雪姫と七人の小人たち』のお話がこれにあてはまります。白雪姫は継母の妃に三度も殺されそうになりながら、その試練に耐え、最後には王子と結婚します。他方、お妃は真っ赤に焼けた鉄のくつをはいて死ぬまで踊らなければならないのです。

以前、「昔話は一つ一つの話が伝えるべきメッセージを持つ」と昔話研究者の稲田和子氏が話していました。また「そのメッセージには人の心を解放し、人が生きていくのを励ましてくれる力がある」とも稲田氏は述べておられました。そして、始まりと終わりがきっちりしていること、〝ああ面白かった〟という満足感を伴って終わることが、子どもの心をはぐくむのではないでしょうか。

（＊対象＝4～8歳、「西日本新聞」一九九八年二月一六日）

ろうそくの灯りでお話

「おいしいおかゆ」

（グリム昔話、『おはなしのろうそく1』所収）

東京子ども図書館〈編〉

朝夕めっきり涼しくなり、灯火《ともしび》が恋しい季節になりました。小学生のころ、夏休みの間は虫採《と》りやプール通いに駆け回っていた二男が、この時期になると決まって「お母さん、本読んで」とやってきたものでした。眠りに就く前のひととき、布団の上に寝そべったりして、本を読み聞かせたことが懐かしい。

福岡市民図書館の「おはなし会」では、電気を消し、ろうそくをともしてお話を聞かせてくれます。それをまねて、わが家でもやってみたことがあります。暗くすると、気持ちが落ち着きます。そこにポッとろうそくの灯《ひ》をともして「むかし、あるところに……」と「おいしいおかゆ」を語ったことがあります。こうして秋になると、親子の絆を取り戻したように感じたことを思い出します。

（＊対象＝5～7歳、「西日本新聞」一九九一年一〇月六日）

「田舎に住んでみたいな」

『ちいさいおうち』
バージニア・リー・バートン〈文・絵〉
石井桃子〈訳〉岩波書店

夫の生家である国道沿いの今の家に移ってきて五年になります。一日中ひっきりなしの車の騒音。二階の窓からは新幹線が走るのが見えます。そして、今度は、目の前を高速道路が走るというのです。

先祖代々この土地に住んできて、今の家は、夫の祖父の代に国道ができた時、当時の馬屋を改築したものだそうです。夫が子どものころまでは、このあたりは静かな田舎だったとか。この話を聞いた時、私は子どもたちと何度も読んだ絵本『ちいさいおうち』と、この家とを重ね合わせずにはいられませんでした。

昔、田舎の丘の上に建てられた〝ちいさいおうち〟は、季節の移り変わりに伴って変わる周りの景色を眺めながら、幸せに暮らしてきました。「まちってどんなところだろう。まちにすんだら、どんなきもちがするものだろう」と思いながら。

ある日、〝ちいさいおうち〟の前に道路ができて車が行き来するようになります。そのうち、電車が走るようになり、やがて、高架線が行ったり来たりし、〝ちいさいおうち〟の下を地下鉄も走るようになります。そしてやがて、両側に高層ビルが建ち、その間に埋まるように建っている〝ちいさいおうち〟は、まちはいやだと思うようになります。

子どものころ、私は、リンゴ畑に囲まれた北国の田舎で過ごしました。春、リンゴの白い花が咲き、夏、リンゴの青い実が赤く熟していき、秋は収穫。取り入れがすむと、雪に閉ざされた長い冬がやって来ます。厳しいけれど、素晴らしい四季の移り変わりのなかで育ちました。

それに比べて、今の子どもたちの環境はどうでしょう。自然をできるだけ残しておいてやりたいという願いとは裏腹に、自然は無くなっていく一方です。

この本を読み、母親の子どもの頃の話を聞いた長男は、「ぼくも、田舎に住んでみたいな」と言います。〝ちいさいおうち〟と同じように、この家も田舎に引っ越したいと思っていることでしょう。


（＊対象＝5～10歳、「西日本新聞」一九八三年三月一一日）

民話のちから

名当ての寓話の普遍性

『だいくとおにろく』
松居直〈再話〉赤羽末吉〈画〉福音館書店

「だいくとおにろく」という、名前を当てる（＝名当て）昔話があります。グリムやイギリスの昔話のなかにも同じような話があるので、名当ての昔話について考えてみました。

とても流れの速い大きな川があって、何度橋をかけても流されてしまいます。困り果てた村人たちから橋かけを頼まれた大工が、橋をかける場所へ行って、じっと川を見つめていると、川の中から鬼が現れ、お前の目玉よこしたら、おれがお前に代わって、その橋かけてやってもええぞと言います。そして、一晩で半分、二晩で全部仕上げてしまいます。あきれて見ている大工に、鬼はいよいよ目玉を要求してきます。「まってくれ」と頼む大工に鬼は、「おれの　なまえをあてれば　ゆるしてやっても　ええぞ」と言います。

同じような名当ての話に、グリムの昔話では「ルンペルシュティルツヒェン」(小人)、イギリスの昔話では「トム・ティット・トット」(黒い小鬼)があります。どちらも、難問を解決してやる見返りに、前者は子どもを、後者は妃自身を小人や小鬼に差し出さなければならないのです。それにしても、鬼や小人や小鬼はなぜ、自分の名前を当てれば許してやってもいいと言うのでしょうか。

児童文学者の松居友氏は著書『昔話とこころの自立』の中で、「名前とは、その者の本性であり正体です。すなわち鬼は、自分の本性すなわち正体を見抜いたら許してやってもいいというのです」「霊的な存在は、名前や正体が見破られたときに本来持っていた力を失ってしまうのです」と書いています。

では、大工はどこで鬼の名前を知るのでしょうか。鬼に「めだまぁ　よこせっ」と迫られた大工は、山のほうへ逃げていく。すると、遠くのほうから子守歌が聞こえてきます。「はやく　おにろくぁ　めだまぁ　もってこばぁ　ええなぁ――」と。こうして大工は鬼の名前を知り、目玉を差し出さずにすむのですが、山というのは心理学的には無意識の世界なのだといいます。

「ルンペルシュティルツヒェン」では、小人の名前を言い当てられないなら、子どもを差し出さなくてはならない女王に、名前を尋ねさせにやった使いの者が戻ってきて言います。ある高い山の、森のすみっこに、小さい家があって、その前に、火がもえていて、火のまわりを、小人が一本足ではねまわりながら、こう叫んでいたと。「きょうはパン焼き、あしたはビールづくり。／あさっては、女王さまの子どももむかえ。／おれさまの名が、ルンペルシュティルツヒェンだとは、／うまいことに、だれもごぞんじない！」（小澤俊夫訳『完訳グリム童話』より）。女王は子どもを失わずにすみます。

「トム・ティット・トット」では、ひと月の間にお妃が名前を当てられないなら、妃自身が黒い小鬼のものにならねばならない。あと一日で最後、という晩にお妃は、王さまからこんな話を聞きます。狩りに出ていた森で、昔、白亜を掘ったあなから、歌のようなものが聞こえてきた。そこでは、きみょうな、小さい、黒い者が小さい糸車で糸をつむいでいるのですが、つむぎながら、こんな歌を歌っていたというのです。「なんと　なんと名まえはなんと。／わしの名まえは　トム・ティット・トット」（石井桃子編・訳『イギリスとアイルランドの昔話』より）。森も心理学的には無意識の世界を指しているのだといいます。

鬼や小人の出てくる昔話への興味は尽きません。

（＊対象＝4～8歳、読書情報交換誌「どかんしょ」二三号、一九九九年七月）

おばあさんの〝果《はて》なし話〟

『なんげえはなしっこしかへがな』
北彰介〈文〉太田大八〈絵〉銀河社

『なんげえはなしっこしかへがな』（長い話をしてやろうかな）には津軽弁で書かれた〝果《はて》なし話〟（きりなし話とも言う）が七つ収められています。子ども時代を青森で過ごした私は、この本をわが子に読んで聞かせる時、子どものころが懐かしく思い出されました。親のそんな思いを感じ取るのか、「かみなりさまのふんどしぁ　ふぱても（引っぱっても）ふぱても　なんげえど　ふぱても　ふぱても　なんげえど……」と読むと、子どもは楽しそうに聞いたものでした。

半年も雪に閉じこめられる北国の子どもたちは、テレビも漫画本もなかった昔、こたつや囲炉裏のそばで、おばあさんから聞く昔話が何よりの楽しみで、一つ終わるともう一つ、それが終わるともう一つ、といくらでもせがんで聞きました。すると、話すのにあきてきたおばあさんが、「そうすればなんげえ話っこだぞ」と言って語るのが〝果なし話〟なのだと、著者はあとがきに書いています。

冬には、こたつを囲んで子どもに昔話を語り（読み）聞かせ、親子の心を通わせたい。方言で語られる昔話は、古里の思い出と共に、いつまでも心に残ります。親の古里の昔話も、子どもには印象深いものになるようです。

（＊対象＝5～10歳、博多市民センター図書室「らいぶらり博多」四五号、一九九四年一月）

遠ざかる故郷の温もり

『やまんばのにしき』
まつたにみよこ〈文〉せがわやすお〈絵〉
ポプラ社

先日、「ちょうふく山のやまんば」という秋田の方言で語られる昔話を聞く機会がありました。秋田生まれの私は、懐かしくて思わず涙がこぼれました。「ちょうふく山のやまんば」を絵本にしたものが『やまんばのにしき』です。

石川啄木は、「ふるさとの訛《なまり》なつかし／停車場の人ごみの中に／そを聴きにゆく」と、故郷を遠く離れて暮らしていて、ふと故郷のなまりを耳にした時の懐かしさを歌っています。人生のなかで、つらく苦しい時、勇気づけ、元気づけてくれるものは、幼い時に親しんだ故郷の自然や大人から語ってもらったお話ではないでしょうか。今、子どもたちのまわりから身近な自然がなくなっています。かつて、囲炉裏ばたやこたつの中でお話を語ってくれた祖父母のぬくもりもなくなっています。そういうことが、子どもたちの心が荒れる遠因になっていないでしょうか。

（＊対象＝5〜7歳、「西日本新聞」一九九〇年一二月二日）

山んばの語りの魅力

『花さき山』（創作民話）
斎藤隆介〈作〉滝平二郎〈絵〉岩崎書店

親子読書会の手伝いに行っている公民館で、母親を対象に絵本の読み聞かせの実際を紹介することになりました。離れたところからもよく見える本を、ということで『花さき山』を選びました。この本との出会いは、二年前、読書講座で福岡市民図書館の職員が読んでくれた時です。あやと、ふたごの赤ん坊のあんちゃんのけなげさに心を打たれました。黒を基調にした切り絵ふうの美しい絵に感動したものです。

練習のため、何度も読んでみて気付いたことは、山んばの語りによって話が進められているということです。「おどろくんでない。おらは　この山に　ひとりで　すんでいる　ばばだ。山ンばと　いうものも　おる」という自己紹介から始まり、一〇歳の少女あやの紹介、花さき山の花の咲くわけ、この山あの山のできた由来と、山んばの語り口の見事さにすっかり魅了されました。

私は秋田県の生まれなので山んばの話す秋田の方言になじみはあるものの、声に出して読んでみると、間《ま》の取り方、抑揚やアクセントのつけ方がとても難しい。この本は、斎藤隆介氏の短編童話集『ベロ出しチョンマ』の冒頭に収められた作品を、滝平二郎氏が絵本にしたものといいます。絵本として、素晴らしい一つの世界を築き上げているので、絵本の読み聞かせによく用いられます。が、いつかストーリーテリング（お話を覚えて語る手法）として、山んばの語り口の見事さを聞かせてみたい気がします。

（＊対象＝5～7歳、「西日本新聞」一九八三年一二月九日）

紙芝居と「想像する力」

「まほうのふで」（紙芝居）
川崎大治〈脚本〉二俣英五郎〈画〉童心社

公民館の親子読書会で、子どもに本を読んで聞かせたり紙芝居をしていますが、紙芝居は人気があります。先日は「まほうのふで」という紙芝居を演じました。絵を見ながら話を聞いていると、絵が動いてくるらしいのです。話を聞きながら、子どもが自分で想像するから動いてくるわけで、そこに紙芝居の人気の秘密があるのではないかと思います。この想像する力、推理する力が現代の子どもには乏しいのではないかと心配です。「弱者いじめ」にしても、相手の立場になって考えることができないから起きるのではないでしょうか。相手の立場や気持ちが分かれば、やさしさが生まれます。人の身になって考えることができないのは、想像力や推理力が乏しいからではないでしょうか。

幼い時からテレビばかり見ていると、想像力は育たないといいます。テレビは音声と共に映像そのものも与えてしまうので、想像の余地がないのです。ときには、テレビを消して、子どもと一緒に本を読んだり、昔話を聞かせてほしいものです。子どもは耳から入る言葉をもとにしてイメージをつくります。その積み重ねから、想像力や推理力の豊かな子に育っていくと思います。

（＊対象＝5～8歳、「西日本新聞」一九八三年一〇月一一日）

自然の声に耳を澄まして

『やまなしもぎ』
平野直〈再話〉太田大八〈画〉福音館書店

秋になると手にとる昔話絵本『やまなしもぎ』があります。病気のお母さんに食べさせるために、三人の兄弟が〝やまなし〟をもぎに行く話です。

まず太郎が出かけ、次に二郎が出かけます。二人とも帰ってこないので、末の三郎が出かけて行きます。途中、三本の分かれ道に立って、笹の葉の鳴る音を聞きます。一本の笹は「ゆけっちゃ　かさかさ」と鳴り、他の二本の笹は「ゆくなっちゃ　がさがさ」と鳴ります。三郎は耳を澄ましてよく聞いて、「ゆけっちゃ　かさかさ」と鳴るほうの道へ入って行きます。

こうして、やまなしを手に入れ、二人の兄を救い出して家に帰り着きます。幸運をつかむ主人公は自然の声を聞くことのできる能力の持ち主なのです。

さて、現代っ子たちは、自然の声を聞く耳を持っているでしょうか。人の話に耳を傾けて聞く力を身につけているでしょうか。つけっぱなしのテレビの雑音のなかで暮らす子どもは、言葉を聞き流してしまいます。耳を傾けて言葉を聞くことを体得しないまま大きくなったのでは、幸運をつかむチャンスを逃してしまいます。

（＊対象＝4〜7歳、「東奥日報」一九九六年一〇月九日）

子どもは昔話を聞きたがっている

『福岡のむかし話』
福岡県民話研究会〈編〉日本標準

家庭にテレビが入ってきてから、親子の会話や祖父母の孫への語りがなくなってしまいました。その上、現代の日本は核家族化が進み、合理性追求、科学万能の世の中であり、スピードの速い時代でもあります。児童・生徒のいじめや自殺に象徴されるように、子どもが精神を病むようになったのではないでしょうか。時には、ゆっくりと本を読んで聞かせたり、昔話を聞かせることが、子どもの心を育てるのに大切ではないでしょうか。

以前、新聞で、明日さえどうなるか知れぬ不安な難民生活のなかで、東南アジアの少数民族モン族の大人は、夜、子どもたちに伝承民話を語り、子どもたちは一心に聞き入るという記事を読み、心を打たれました。わが子や地域の子どもに本を読んできて思うことは、子どもの心を引き付けたお話の多くは昔話だったということです。子どもは昔話が好きで、聞きたがっていると思います。

昔話には庶民の知恵や人生観、自然観が何気なく詰めこまれています。人生経験の浅い子どもたちに、人生とはこういうものだよと教えてくれます。グリムの昔話、アジアの昔話などいろいろと聞かせたいですが、古里の昔話も聞かせたい。わが子が幼いころ、『福岡のむかし話』を読んで聞かせました。方言で語られる昔話には何ともいえぬユーモアやぬくもりがあり、心に残るようです。

（＊対象＝6～12歳、「東奥日報」一九九五年三月六日）

『うまかたやまんば』おざわとしお〈再話〉
赤羽末吉〈画〉福音館書店

占いブームはなぜ

「西日本新聞」生活欄の「家事リポート」で、若者に流行している前世占いをばかばかしい遊びと断じていましたが、そうでしょうか。

児童文学者の松岡享子氏が次のように話していました。「科学教育が徹底し、あまりにも合理的に育てられた子どもたちが、非科学的、非合理的な星占いなどに引かれるのは、一つのバランスをとろうとするためではないか」と。

自然から切り離され、地縁や血縁が薄れて孤立した子どもや若者は、浮草のように頼りなく、自己の支えとなるものを確かめたいという気持ちが、占いブームをよんでいるのではないでしょうか。

氏は次のようにも語っています。「因習から抜け出し豊かな生活になったが、いじめ現象や自殺など子どもが精神を病むようになった。〝むかしむかし、やまんばが……〟と非合理的なことを大まじめに語ることは時代に逆行することだけれど、何か大事なことがあるのではないか」と。

小学生に『うまかたやまんば』を読んだことがありますが、とてもよく聞いてくれました。

（＊対象＝5〜8歳、「西日本新聞」一九九〇年一一月二一日）

心の運動になる本

『ふしぎなたいこ』
石井桃子〈文〉清水崑〈絵〉岩波書店
『きこりとおおかみ』
山口智子〈再話〉堀内誠一〈画〉福音館書店

友人と二人で、ある小学校で一年から六年までの子どもたちに、図書の時間に本を読んで聞かせたり、紙芝居をしたり、お話を語ったりすることになりました。初めての日は不安でした。が、本も紙芝居も静かに聞いてくれ、ある時など拍手がわきました。友人が語った愉快なお話「エパミナンダス」（『おはなしのろうそく1』所収）を五、六年生は大笑いしながら聞いてくれました。

以前、小学校の先生が「お話の世界に浸れる子どもはさまざまな考え方ができ、柔軟な心がつくられていくようだ」と話していました。精神分析学者のブルーノ・ベッテルハイム博士は、勉強の合間に体の運動が必要なように、「算数を勉強したあとでは、想像力の運動が必要です」と述べています。

不思議だなあという思いをたっぷり経験させるお話（『ふしぎなたいこ』）や、心の運動になるお話（『きこりとおおかみ』）など、さまざまな本の世界に浸ってほしいと思います。

（＊対象＝4～8歳、「東奥日報」一九九六年七月一一日）

貧しさにめげぬおおらかさ

『かさじぞう』

瀬田貞二〈再話〉赤羽末吉〈画〉福音館書店

娘が小学二年の時、国語の教科書に載っている「かさこ地《じ》ぞう」（岩崎京子さんによる再話）を音読していました。夕食の用意をしながら聞いていた私は、「ふたりは、つけな　かみかみ、おゆを　のんで　やすみました」のところで、いつも思わず「貧しいのねえ」と言ってしまうのです。

文中で二人は、もちつきのまねごとをしようと、「米の　もちこ　ひとうす　ばったら」

とじいさまが囲炉裏のふちをたたくと、ばあさまもホホと笑って「あわの　もちこ　ひとうす　ばったら」と、あいどりのまねをします。貧しさにめげぬおおらかさ、貧しさを突き抜けた底抜けの明るさに心を打たれます。

以前、私は、日本の昔話は暗く貧乏な話が多くて嫌いだと思っていました。しかし、子どもに読み聞かせているうちに、昔話には庶民の知恵がこめられ、素朴で温かい情感があふれていることに気が付いてきました。

そして意外にも、現代っ子も昔話が大好きなのです。物は豊かでも心や情緒が育ちにくい現代に、昔話を聞かせて豊かな心をはぐくむことができないものでしょうか。

（＊対象＝4～7歳、「西日本新聞」一九八五年一二月八日）

知れば知るほど早く年をとる

「美しいワシリーサとババ・ヤガー」
（ロシアの昔話、『おはなしのろうそく4』所収）

東京子ども図書館〈編・訳〉

地元紙の読書欄にノンフィクション作家の吉岡忍氏が次のような意味のことを書いていました。「私たちの生きている現在が民話や神話の世界につながっていると実感できた時、人は日々の経験の意味を把握でき、世界との調和を感じられるし、安らぐことができるのだ」と。読みながら深くうなずきました。

わが子たちに昔話を読み聞かせて以来、昔話に心を引かれ、いくつもの昔話に接してきました。吉岡氏の述べるように、昔話は「おおらかで自由で、ときには荒唐無稽なイマジネーション」の世界ですが、あるとき、フッと宝のような真実があることに気付きます。

例えば、『おはなしのろうそく4』に収められているロシアの昔話「美しいワシリーサとババ・ヤガー」のなかで、恐ろしい魔女ババ・ヤガーはこう言います。「人間、ものをたくさん知れば知るほど、早く年をとるものじゃ」と。情報過多の現代への警告に聞こえるから不思議です。

（＊対象＝8～12歳、読書情報交換誌「どかんしょ」一二一号、一九九七年五月）

かみさまが
ごじぶんに　にせて
つくられたんだから
ひとは　かみさまに　にてるはず
それなら
かみさまも　ひとに　にてるかな
かみさまの　おかおは
どんなかな
だれに　にてるかな
きみの　おとうさんに　にてるかな
きみたちも
さがしてごらん
かんがえてごらん
みつけてごらん

山ができたころ

『けんか山』
北彰介〈文〉前川かずお〈絵〉草土文化

小学三年生から高校卒業までの一〇年間を青森市で過ごしました。校舎の窓からいつも八甲田山《はっこうださん》を仰ぎ見たこと、学校の帰り道、友達と田んぼのあぜ道を歩いたことが懐かしく思い出されます。

あれから二〇年がたちます。小学校は廃校になり取り壊されました。田んぼは宅地に変わり、家やビルが建っていると聞きました。何もかもすっかり変わったことでしょう。ただ、八甲田山だけは昔の姿のまま悠然とたたずんでいることでしょう。

絵本『けんか山』は、ふるさとの民話シリーズの一冊。青森県にある八甲田山、岩木山《いわきさん》、恐山《おそれざん》ができていった由来をダイナミックに語った神話のような物語。わが家の子どもだけでなく親子読書会の子どもたちもとても喜んだ本です。

（＊対象＝小学校中学年以上、「福岡市政だより」一九八七年二月一五日）

考えてみたいこと　2

本が足りない、「人」がいない学校図書館

二〇〇二年から本格的に始まった総合的な学習の時間などで調べ学習をするために、学校図書館の役割が重みを増しています。しかし、本が足りない、司書教諭や司書がいないという実情が浮き彫りになっています。

①横浜市のある小学校の五年生。「いろんな言葉を調べてみよう」というテーマの国語の学習で「方言を調べたい」という児童が書棚の「方言・ことば」のコーナーを探したところ、題名に「方言」と書かれた本は二冊しかなくて困ったという。

②数年前、鳥取県のある小学校の授業参観に出向いたところ、「人権」をテーマにした調

べ学習の発表をしていたが、どのグループも同じ本から引用した同じくだりを読み上げたという（①②は「朝日新聞」二〇〇二年七月二一日）。
③福岡市のある中学校では朝の読書タイムを設けているが、半数の生徒は本を持っていなくて、ただ座っているだけなのだと聞いた。せっかく読書の時間を設けるのなら、全生徒が読書できるだけの本を学校図書館で揃えるべきではないだろうか。読書タイムのために生徒や親が本を買わなければならないとしたら、なんと貧しい学校図書館であろう。それでも、学校図書館に司書教諭や司書が常駐していれば、足りない本は公共図書館や他の学校図書館から借りるなどの手配ができるのにと思う。
公立小中学校の図書購入費として、国は二〇〇二年度から五年間、毎年一三〇億円を、地方交付税として市町村の規模に応じて配分する「学校図書館図書整備事業」に着手しました。本年度分が予定通り使われれば、一学級あたり小学校で約二万三千円分、中学校で約四万五千円分の本を買い足せるということです。

しかし、地方交付税は使い道が自治体の裁量に任されているため、実際に図書購入に充てる市町村は三割程度といいます。学校図書館協議会が二〇〇二年春、市町村に実施した調査によると、目的通り図書購入に充てると答えたのは、回答した市町村のうち三〇％で、六五％は図書を購入しないとしました。八月一一日付の「西日本新聞」は「九州・山口でも購入費にするとしたのは長崎、宮崎両県の三三％が最高で、福岡県は一七％にとどまった」と伝えています。購入費はどこへ回ったのか、文部科学省は九月にも実態調査に乗り出す方針といいます。

学校図書館は学習・情報センターとして学習を支えたり、読書センターとしての役割があります。図書館の充実の度合いによって生まれる差は、金額の差以上に大きい。本があり、人のいる図書館の整備が急務です。

（「身」会報三三号、二〇〇二年九月三日）

言葉の面白さと使い方

『ことばあそびうた』
谷川俊太郎〈詩〉瀬川康男〈絵〉福音館書店

「さよなら三角また来て四角、四角は豆腐、豆腐は白い、白いはうさぎ、うさぎははねる、はねるは……」。子どものころ、歌うように唱えた言葉遊びの文句を今も覚えています。友達となぞなぞやしりとりをしたり、早口ことばや上から読んでも下から読んでも同じ「さかさことば」を言い合ったものです。

今の子どもたちは、コマーシャルや流行語には敏感でも、言葉遊びの楽しさを知らないのではないでしょうか。『ことばあそびうた』の中の詩をいくつか子どもに読んで聞かせたことがあります。お母さんに抱っこされて聞いていた二歳ぐらいの子が楽しそうにケタケタと笑いました。リズミカルな言葉が幼い子の耳に快く響いたのでしょう。
子どもは繰り返しやリズムのある言葉が大好き。一緒に声に出して読んだり、覚えて親子で遊んだら、言葉の面白さや使い方を知らず知らずのうちに身につけていくのではないでしょうか。次の詩はこの本の中の「いるか」。

いるかいるか
いないかいるか
いないいないいるか
いつならいるか
よるならいるか
またきてみるか

いるかいないか
いないかいるか
いるいるいるか
いっぱいいるか
ねているいるか
ゆめみているか

「ことばは先《ま》ず文字じゃなくて、先ず声なんです。子どもたちはお母さんを初めとするまわりの大人の声によって、ことばのやさしさ、しなやかさを覚えていくんだから。ことばもまた、愛情のひとつの形式なんです」と谷川俊太郎氏は語っています。

（＊対象＝2〜8歳、博多市民センター図書室「らいぶらり博多」三五号、一九九三年三月）

新しい世界への旅

『ふらいぱんじいさん』
神沢利子〈作〉堀内誠一〈絵〉あかね書房

二男が小学一年の時、学校で描いたという読書感想画を持って帰ってきました。見ると、〝ふらいぱんじいさん〟が実に楽しそうに歩いている絵です。『ふらいぱんじいさん』は、そのころの彼の愛読書でした。

ふらいぱんじいさんは卵を焼くのが大好きで、いつも子どもたちのために、金色のお日さんみたいな目玉焼きを焼いてやったのでした。ところが、奥さんが新しい目玉焼き鍋を買ってきてから、卵を焼かせてもらえなくなります。しょんぼりしていると、ごきぶりが来て、「くよくよしてないで、たびに　でたら　どうだい」とすすめます。そこで、ふらいぱんじいさんは新しい世界を求めて旅に出ます。

困難に遭《あ》いながらも、ふらいぱんじいさんの冒険は生きる喜びに満ちあふれています。二男はそんなふらいぱんじいさんと意気投合し、ふらいぱんじいさんになりきり、野山やジャングル、砂漠や海を旅したのでしょう。

彼の絵を見て、私は、ささいなことで子どもにガミガミ言っていたことを反省。二男と一緒に、もう一度この本を読みながら、心楽しい家庭でおおらかに子どもを信じ、生きる楽しさや尊さを伝えていかなければと思いました。

（＊対象＝5～7歳、博多市民センター図書室「らいぶらり博多」三七号、一九九三年五月）

ぼくがみんなの目になろう

『スイミー』『フレデリック』

レオ＝レオニ〈作・絵〉谷川俊太郎〈訳〉

好学社

小さな魚の仲間たちを大きな魚に食べられてしまい、独りぼっちになったスイミー。恐怖や寂しさに耐えて、小さな魚でも皆で一緒に泳げば大きな魚に負けないと思いつきます。皆が一匹の大きな魚みたいに泳げるようになった時、スイミーは「ぼくが、めに　なろう」

と言います。

四月から、父母教師会のリーダーとして試行錯誤の連続でした。組織の運営は、個人よりも全体的な視点でのリーダーシップがなければ前進しません。公私の区別がはっきりせず、人情や感情が先行すると、目標や目的がかすんでしまいます。皆の目になれただろうかと、わが子と何度も読んだ絵本『スイミー』に教えられた気がしました。

それと同時に、寒くて暗い冬の日のために、お日さまの光と色と言葉を集めた野ねずみの『フレデリック』(同じ作者)のような詩人の心も持ち続けたいと思います。

(＊対象＝5～8歳、「福岡市政だより」一九八八年九月一五日)

おおらかな「ほら話」

『せかいいちのはなし』
北彰介〈作〉山口晴温〈絵〉金の星社

ずいぶん前のことです。わが子に読み聞かせた本がたまり、近所の子どもさんたちにも本に親しんでもらいたいと小さな家庭文庫を始めたころ、津軽の昔話『せかいいちのはなし』を読んで聞かせたことがあります。「むかし、つがるの　八甲田山の　てっぺんさ、でっけえ　おおわしが　いだったど」と読み始めました。いつもはワイワイ飛びまわり、本の話をあまり聞かない小学一年だったY君が、熱心に聞き入っています。

おおわしは、自分ほど大きいものはいない、ひとつ、皆にいばってやろう、と世界巡りに出かけます。しかし、東の海で出会ったがさえび（しゃこ）は、おおわしより大きくて、今度は、がさえびが世界巡りにでかけます。すると、もっと大きい海がめに会い、その海がめから、くじらはもっともっと大きいと知らされます。がさえびは「世界って広いもんだなあ」と驚嘆します。

これは、ほら話なのですが、おおらかで、気持ちが広々となる昔話で、元気なY君の心にぴったりくるものがあったのでしょう。

（＊対象＝5～8歳、「西日本新聞」一九九六年八月二九日）

雪国で育ったころ

「十二のつきのおくりもの」
（スロバキアの昔話、『おはなしのろうそく2』所収）
内田莉莎子〈訳〉東京子ども図書館〈編〉

子どものころ、北海道、青森で過ごしました。北国の長い冬の間、雪の中をころげまわって遊びました。小さなスキーをはいて、大きい子について山へ行き、登っては滑り、ころんでは滑りと、スキーに興じました。家に帰ると、ぬれた手袋、靴下、長靴を乾かしてもらい、かじかんだ手が温まると、また外へ出るので、母はぬれた衣類を乾かすのに苦労しただろうと思います。

小学一年の冬、ひどい吹雪に、授業を途中で切り上げ、地域別に分かれての集団下校となりました。強風のなか、やっと家にたどり着いたものの、門の高さまで雪があり、呆然としている私を付き添いの先生が抱き上げて玄関の母に引き渡してくれたことがあります。

雪にすっぽりおおわれた林の奥には、一月から一二月までの月の精が、たき火を囲んで座っているという、スロバキアの昔話「十二のつきのおくりもの」が本当のことのように思えたものです。雪は人間に幻想的な思いを抱かせ、雪国ならではのお話が生まれたのではないでしょうか。

（＊対象＝6～12歳、「西日本新聞」一九九〇年一月一七日）

「いつか、文学に戻ってきなさい」

『エルマーのぼうけん』
R・S・ガネット〈作〉R・C・ガネット〈絵〉
わたなべしげお〈訳〉福音館書店

七年前、テレビにかじりついた当時六歳の長男に昔話を読み聞かせたのが始まりで、以来、三児と絵本や児童文学を楽しんできました。長男がとりわけ好きだったのが『エルマーのぼうけん』でした。続編の『エルマーとりゅう』『エルマーと16ぴきのりゅう』も愛読していました。

親子で読んだ本をより多くの子どもにと家庭文庫（短い期間でしたが）を開いたり、やがて公民館での親子読書会へと続いています。

一五年前、卒業を控えた国文学専攻の学生であった私たちに、先生が下さったはなむけの言葉を思い出します。「実社会に出て、専攻の文学とは無縁なところで、食べるために生きてごらんなさい。そして、いつの日かまた、文学に戻ってきなさい」と。全国的に盛り上がった学園改革運動の波にのまれて粉々になり、ろくに勉強もしないで単位だけ揃えて卒業しようとしていた私の胸にずしりと響いた言葉でした。

子育ての中で、かつての専攻が役立ち、思いがけず児童文学を手にしました。子どもたちにもっと物語を読み聞かせたいと思っています。

（＊対象＝5～8歳、「西日本新聞」一九八六年九月二三日）

こころを
はぐくむ

放任と過干渉の果てに

『ものぐさトミー』
ペーン・デュボア〈文・絵〉松岡享子〈訳〉
岩波書店

青少年の無気力や無感動が社会問題になっています。小学校低学年の時は素直で生き生きしていた子どもたちが、高学年になると、なぜ、正義感がなく無気力になるのだろうかと、先生と母親たちで話し合ったことがあります。

親が、基本的な生活習慣（早寝早起き、食後の歯磨き、規則正しい食生活）を子どもにきちんと身につけさせていない（放任）。その一方で、勉強のことになると口うるさく、塾やけいこにと子どもを追い立てている（過干渉）のではないか、という指摘がありました。放任と過干渉の子育ての結果が無気力だとすれば、親は反省しなければなりません。

今はやりの早教育、詰めこみ教育は、子どもを常に受け身の状態におき、自分で考え進んでやるという意志力や生命力が育つ芽を摘み取ってしまうようです。その結果、思春期（小学高学年から中学生）になって、無気力、無感動という形で現れるのではないでしょうか。知識偏重の早教育よりも、『ものぐさトミー』など、楽しい本をたくさん読んであげてほしいものです。

（＊対象＝8～12歳、「西日本新聞」一九八九年七月一〇日）

本はこころのシェルター

『ドリトル先生アフリカゆき』

ヒュー・ロフティング〈作〉井伏鱒二〈訳〉

岩波書店

いじめを苦にした中学生の自殺がまた起きました。残念でなりません。いじめが起きる根本的な原因の追求が必要です。また、自殺が小学生や高校生に比べ中学生に多いことから、自我に目覚める思春期特有の心理面からの自殺予防策も考えられなければならないと思います。

以前、転校をきっかけにいじめられた子どもさんの話を聞きました。今は成人しているその子が自殺しなかったのは、幼い時から読んで聞かせた本の世界があったからではないかと、その母親は話していました。いじめられているという悲惨な現実が自分にとってのすべてではない、本を開けば別の世界があるということが、その子を支えたのでしょうか。想像の世界を持つことができる子は、つらい現実を辛うじて乗り越えることができるのかもしれません。そしてまた、そういう子どもは他人をいじめたりしないと思います。

その子の愛読書はドリトル先生のシリーズだったということです。

（＊対象＝小学校中学年以上、「西日本新聞」一九九五年五月七日）

一人一人の物語

『セロ弾きのゴーシュ』
宮沢賢治〈作〉赤羽末吉〈絵〉偕成社
『注文の多い料理店』宮沢賢治〈原作〉
スズキコージ〈絵〉ミキハウス

現代はビジュアルなものが大量生産され、大量消費される時代です。子どもたちの周りには物語がはんらんしていますが、その供給源は主に映像（アニメ、漫画）です。かつては文学作品でした。

アニメや漫画の場合は、見る者が、出来上がった映像を受け取るだけで自分が想像する余地がありません。文学作品は、受け手が言葉を手がかりに自分の頭の中に映像（イメージ）を作り出してつなぎ合わせていきます。とすると、映像文化のなかだけで育つ子どもは、想像力や推理力を身につけないまま大きくなってしまうのではないでしょうか。幼児期、学童期に本を読み聞かせることは、映像文化時代には一層、大切だと思います。

宮沢賢治の『セロ弾きのゴーシュ』や『注文の多い料理店』を読んで聞かせてほしいも

K
20

のです。イメージを喚起する力のある、とても面白い作品です。

児童文学者の砂田弘氏が次のように話していました。「オウムに入信した若者は文学に縁のない若者で、一人一人の物語を作ることをしなかったのではないか」と。「言葉が作る物語が必要なことの教訓になる」という指摘にうなずきました。

（＊対象＝小学校中学年以上、「西日本新聞」一九九六年一月五日）

母から子へ、兄から妹へ、読み聞かせ

『長い長いお医者さんの話』
カレル・チャペック〈作〉中野好夫〈訳〉
岩波少年文庫
『ひよことむぎばたけ』
フルビーン〈作〉ミレル〈絵〉
ちの えいいち〈訳〉偕成社

「きょうはライオンの本を読むよ」と、小学四年の長男が学級文庫から借りてきた本を妹や私に読んで聞かせます。彼は今、動物や鳥に関心があるのです。長男が読まない日は、私が、チャペックの『長い長いお医者さんの話』のなかから、お話を一つ、長男と長女（小学二年）に読んで聞かせます。四歳の二男は絵本『ひよことむぎばたけ』を持ってきます。

二男が生まれたころ、父親は仕事が忙しく出張も多く、私は二男の育児に追われ、体調もすぐれず、上の二人には手がまわらない日が続きました。ある日、一人でポツンとテレビを見ている長男の後ろ姿を見て、一緒に過ごす時間を持たなければと思って始めたのが、毎日二〇分の本の読み聞かせでした。

まず、長女がこのひとときを心待ちにし、「テレビのほうがずっと面白いや」と言っていた長男も「本を読んで」と催促するようになり、忙しい私にとっても、読書欲を満たす楽しいひとときになったのでした。そして何よりも、一冊の本を通して親子で感動を共にする時、わが子と心が通い合っているという確かな手ごたえがありました。

それ以来、私が用事で中断すると、長男が続きを妹に読んで聞かせたり、長女が弟に絵本を読んで聞かせたり、読書を通して親子兄弟がふれあうようになりました。家族が共通体験を持つことが少なく、親子の心のつながりが薄れがちな現在、親子兄弟が心を通わせ合う親子読書が読み聞かせの私の原点です。

（＊対象＝4〜10歳、「東光婦人会だより」一九八三年一二月一五日）

相手はどんな気持ちだろう？

『百まいのドレス』
エレナー・エスティス〈作〉
ルイス・スロボドキン〈絵〉石井桃子〈訳〉
岩波書店

人権週間にちなんだ小学校の人権学習を参観しました。三年生の娘の教室では、「仲間はずれ」について、自分が仲間はずれにされたらどんな気持ちだろうと話し合っていました。五年生の息子の教室では「あだ名」の問題を取り上げていました。あだ名には相手への差別やさげすみがこめられていることがあるのではないか。あだ名を言う時の心を見つめさせる意図の授業でした。

この機会にと思い、『百まいのドレス』（当時の書名は『百まいのきもの』）を二児に読んで聞かせました。いつも独りぼっちのワンダが町から逃げ出すほど悲しい目に遭《あ》っていたことに気付いたマディー。彼女が、変わった名前の子や変わった格好をしている子をいじめる人がいたら、黙って見ていないで、「およしなさい、同じ人間じゃないの」とはっきり言おうと決心するまでの心の成長を描いたものです。親子で感動しました。

（＊対象＝8～12歳、「西日本新聞」一九八四年一二月一四日）

忘れない、耳で聞く読書

chapter 1

『おやすみなさいフランシス』
ラッセル・ホーバン〈文〉
ガース・ウイリアムズ〈絵〉松岡享子〈訳〉
福音館書店

五月一日から一四日までは子どもの読書週間。ファミコンの好きな小学五年の二男ですが、時には寝る前に、『おやすみなさいフランシス』の本を開いています。本を読む楽しさは、ファミコンのそれとは別なようです。読んでもらうことは子どもにとって心地よいらしいのです。自分で読むときは字面《じづら》を追わねばなりませんが、読んでもらい、耳から聞きながら思う存分、想像の翼を広げられます。特に、それに、本を読んで聞かせる親の声は慈愛に満ちています（どなりながら読み聞かせはできない）。

私自身、小学一年の時、一日の学習が終わり帰宅前のひととき、先生から紙芝居をしてもらった楽しさを忘れられません。高校生の時に、夏目漱石の『夢十夜』を一話ずつ読んでくれた国語の先生の声が、今も聞こえてきます。本を読んでくれた先生や紙芝居をしてくれた先生は不思議と忘れられません。

現代は、テレビやファミコンなど、娯楽に事欠きませんが、本を読んで聞かせることで子どもとの心の通い合いを図りたいと思います。

（＊対象＝4〜10歳、「西日本新聞」一九八九年五月二一日）

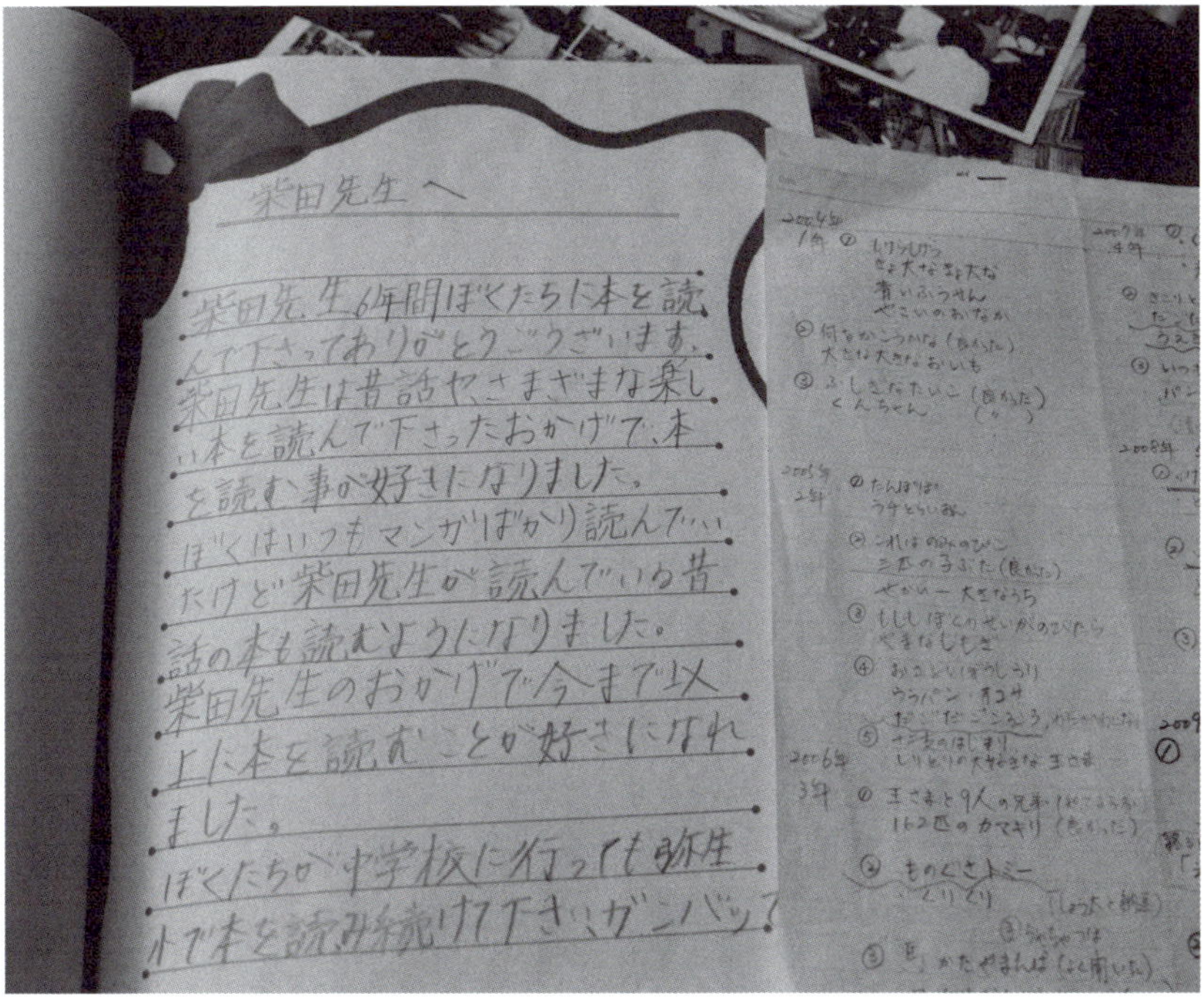
柴田先生へ
柴田先生6年間ぼくたちに本を読
んで下さってありがとうございます。
柴田先生は昔話やさまざまな楽し
い本を読んで下さったおかげで、本
を読む事が好きになりました。
ぼくはいつもマンガばかり読んでい
たけど柴田先生が読んでいる昔
話の本も読むようになりました。
柴田先生のおかげで今まで以
上に本を読むことが好きになれ
ました。
ぼくたちが中学校に行っても弥生
小で本を読み続けて下さい。ガンバッて

子どもの疑問に答える性教育童話

『ママだけのティッシュってなあに』
入江幸子〈文〉奥田怜子〈絵〉第一法規出版
『ぼくのもパパみたいになるのかな』
入江幸子〈文〉原ゆたか〈絵〉第一法規出版

子どもたちは、成長していく自分の体の変化に不安やとまどいを感じ、性のことをまじめに知りたがっているのではないでしょうか。この本は、そんな子どもの立場で考え、そして答えています。

性情報のはんらんしている今日の、この時代に生まれ育つ子どもたちに、「あたたかい愛情をもって、正しく美しく」描いた性教育童話。長年、中学の先生をしてきた著者が「性教育は人間教育」との立場から、逃げずにきちんと書いています。親子でこの本を読んでみたらどうでしょう。三、四年生むけに書かれていますが、お母さん（お父さん）が読んであげてもいいし、子どもと代わる代わる読んでもいいでしょう。大人にも子どもにも薦めたい本で、楽しいイラスト入り。

著者は『ママだけのティッシュってなあに』のあとがきで次のように書いています。「子供たちよ、生命の神秘と誕生のすばらしさを知り、一歩一歩力づよく、大人の世界へおいでなさい」と。

（＊対象＝8〜10歳、東光小学校PTA新聞「東光」五八号、一九八五年七月一八日）

読書は学力も伸ばす

『冒険者たち』斎藤惇夫〈作〉岩波書店

受験戦争が低年齢化し、小学生から塾に通う子が多くなりました。しかし、小学生の間は塾に通わせるより本を読んで聞かせるほうが、長い目で見ると学力を伸ばすことになると思います。

中学の国語の先生が、漢字の書き取りや言葉の意味を試験前に慌てて勉強しても、ふだん使っていないと力がつかないし、テレビより本に親しんでいる生徒のほうが文章力や構成力があると話していました。数学や理科でも教科書は日本語で書いてあります。文章を読んで質問の意味や情景を思い描き、再構成する力がなければ理解できないでしょう。

小学校時代は目立たないが、中学、高校で学力を伸ばした子どもに共通する点は、よく本を読むところだったと聞きます。想像力が学力の伸びや定着に関係するということではないでしょうか。小学校中学年から楽しめる長編に『冒険者たち』、『グリックの冒険』、『ガンバとカワウソの冒険』があります。

（＊対象＝小学校高学年以上、「西日本新聞」一九九〇年八月二四日）

もし夢や希望を失ったら……

『はてしない物語』
ミヒャエル・エンデ〈作〉
上田真而子、佐藤真理子〈訳〉岩波書店

小学六年と四年の子どもと一緒に、映画「ネバーエンディングストーリー」を見ました。人間の夢や希望や想像の中に存在している幻想の王国〝ファンタージエン国〟は正体不明の「無（ナッシング）」に襲われ滅亡寸前。それは、人類が夢や希望を失ったせいだという。ですから、この国をよみがえらせることができるのは、夢や希望やイマジネーションを豊かに持った人間の子どもだけなのだというのです。

果たして、現代っ子は夢や希望や想像力を持っているでしょうか。私たち大人は、子どもたちがそれらを豊かに持てるように育ててきたでしょうか。

恐ろしい「無」に仕える人狼グモルクは言います。ファンタージエンで「無」に襲われて姿を消したものたちは、みんな「虚偽」に姿を変えて人間の世界へ行く。ファンタージエンが侵食されればされるほど、人間界に「虚偽」が広がっていくのだ、と。これは、現代の大人社会に警告を与える言葉ではないでしょうか。想像力豊かな、心の豊かな子どもたちを育てていかなければならないと思いました。

子どもと共に感動した映画で、子どもには子どもなりの、大人には大人なりの素晴らしい余韻を残してくれました。原作である『はてしない物語』を読んでみようと思いました。


（＊対象＝中学生以上、「西日本新聞」一九八五年五月一五日）

大人も楽しめる児童文学

『影との戦い』『こわれた腕環』

『さいはての島へ』

アーシュラ・K・ル＝グウィン〈作〉
清水真砂子〈訳〉岩波書店

子どもたちが夏休みに入ったら、親のほうもそれほど時間に追われなくなりました。以前から読みたいと思っていた長編のファンタジーを手に取りました。読み出したらやめられません。買い物や洗濯そっちのけで読みふけってしまうほど面白い。

人間の心の内の光と影。自由と隷属。生と死。人類にとっての永遠の問題を見事にとらえて描き出しています。今、どちらかというと、大人の文学より児童文学のほうが人間の問題を真剣に取り上げ、人間であることの意味を認識してゆこうとしている気がしてなりません。

この機会に、児童文学を読んでみませんか。血わき肉踊る冒険物語にワクワクしたり、壮大なファンタジーの世界に旅するのも楽しい。子どもたちにとっても夏休みは、長編物語をじっくり読むよい機会だと思います。

（＊対象＝中学生以上、「西日本新聞」一九九三年八月六日）

「自由」という名の一枚の絵

『オルシニア国物語』
アーシュラ・K・ル・グィン〈著〉峯岸久〈訳〉
早川書房

一一の物語からなる短編集。想像の国「オルシニア」を舞台に、そこに生きるさまざまな時代の、さまざまな人々の姿を通して、自由とは何か、勇気や愛や誠実とは何か、芸術の意味とは何か、を描いています。

物語の末尾に年代が記されています。冒頭の物語は一九六〇年で、次は一一五〇年、三つ目は一九二〇年という具合に。物語が時の流れのとおりには配列されていないのは、オルシニアの歴史をつづるのが主眼ではないことを示しています。一つ一つの物語が一つの絵画作品のように感じられ、読後、一一の美しい絵を鑑賞したような印象を受けます。

東欧に似たたたずまいをみせる架空の国オルシニアは、登場人物の一人の妹がプラハに嫁に行っていたり（「音楽によせて」）、ハンガリー動乱の影響が及んできたり（「東への道」）するような所です。東欧を通ずる現実の歴史の流れとそこを取り巻く政治情勢が、オルシニアをも色濃く染めています。そして、さまざまなテーマのなかでも、とりわけ「自由」というテーマが幾つもの物語を通じて高く低く鳴り響いています。
「訳者あとがき」で峯岸久氏が「ル・グィンの一家が、昔それこそ中欧か東欧あたりから亡命してきた一族ではないかと思ったくらいである」と書いているのに、うなずきました。

（＊対象＝中学生以上、読書情報交換誌「どかんしょ」一八号、一九九八年七月）

わだかまっていたモラルへの問い

『所有せざる人々』
アーシュラ・K・ル・グィン〈著〉
佐藤高子〈訳〉早川書房

〝ハイニッシュ・ユニバース〟と呼ばれる未来史シリーズ（架空の宇宙の物語）に属する一篇で、サイエンス・フィクションです。

地球からおよそ一一光年離れた恒星タウ・セチをめぐる二重惑星アナレスとウラスを舞台に、ある理論物理学者が歩む苦難の道を描いています。

ウラスは九〇〇〇年の歴史をもつ生命溢れる豊かな惑星ですが、アナレスは植民後二世紀たらずの荒涼とした、資源の乏しい惑星です。アナレスの最初の植民者は、この荒涼とした世界に新天地を求め、ウラスからやって来た政治亡命者の一団でした。オドー主義者と自ら称するこれら最初のアナレス人は、ウラスの女性理論家オドーが説いたアナーキスト哲学を生活信条とし、やがて独自の世界をつくりあげます。政府というものがなく、金持ちも貧者もない世界を。

アナレスの理論物理学者シェベェックは、全宇宙をつなぐ架け橋となる一般時間理論を完成するために、そしてウラスとアナレスの間の壁をうちこわすためにウラスに旅立ちます。アナレスとウラスを交互に描き、それぞれの惑星に住む人々の姿を見事に描き出して感動的です。この『所有せざる人々』の姉妹短編「革命前夜」(『風の十二方位』所収)の序で、著者は次のように書いています。

オドー主義は無政府主義(アナーキズム)である。といっても、ポケットに爆弾をひそませる、あのたぐいではない。(中略)ここでいう無政府主義とは、初期の道教思想の中に予示され、のちにシェリーやクロポトキン、ゴールドマンやグッドマンによって解明されたところのそれなのである。無政府主義の主たる攻撃目標は権力主義国家（資本主義、社会主義を問わず）であり、その道徳＝実践上の主題は協力（連帯、相互扶助）である。これは、あらゆる政治理論の中でも最も理想主義的、かつわたしにとっては最も興味深い理論である。

この理論に肉づけして一篇の小説とするのは――わたしが最初であったが――長期間にわたる難渋な作業で、わたしは何カ月もの間、すっかりその中にはまりこんでしまった。

今から三〇年前、学園闘争の時期に私は学生生活を送っていました。運動に参加するのが一つの政治的立場なら、しないのも一つの政治的立場になってしまうような政治の季節のなかで、ひそかに無政府主義に引かれました。クロポトキン一つ読まずに過ぎてしまいましたが、以来、いつも心の奥に引っかかっていたのは、生き方としてのモラルでした。心のなかで求めていた物語をル・グィンはサイエンス・フィクションという形で示してくれました。ル・グィンのエッセイ集『夜の言葉』（一九七九年刊）を編集したスーザン・ウッドはその解説で、『ゲド戦記』三部作、『闇の左手』、ル・グィンとしては、〃政治的〃小説であることが明らかな『所有せざる人々』、『アオサギの眼』は最も深い所でモラルの書なのであるという意味のことを書いています。もっと早い時期に出会いたかった本です。

（＊対象＝中学生以上、読書情報交換誌「どかんしょ」一八号、一九九八年七月）

ファンタジーからSFまで、初期短編の〝回顧展〟

『風の十二方位』
アーシュラ・K・ル・グィン〈著〉
小尾芙佐 他〈訳〉ハヤカワ文庫

「この短編集は、画家なら回顧展と呼ぶものにあたるだろう」と著者は「まえがき」で述べています。三二歳の時に執筆活動に入ってからの最初の一二年間に書いた短篇を、おおむね発表年代順に並べたものとのこと。一九六二年から一九七四年（発表年）の作品で、〝風の吹きめぐりゆく十二の方位〟さながらに、ファンタジーからサイエンス・フィクションまで珠玉の短篇一七篇を収録。

ル・グィンの短篇と長篇の関係は興味深いものがあります。冒頭の短篇「セムリの首飾り」

は「それ自体ひとつの完成した物語だが、長篇の胚芽でもあった」（まえがき）と著者が述べているように、氏の最初の長篇『ロカノンの世界』の序章としても刊行された作品です。「冬の王」も後に書かれる長篇につながる作品で、一年後に長篇『闇の左手』に着手することになったそうです。

「解放の呪文」と「名前の掟」は「ゲド戦記」三部作の舞台となるアースシーへの探検であるというので、興味深く読みました。〝「解放の呪文」は、死者の世界のイメージによって、三部作の最終巻『さいはての島へ』を予示している〟、〝「名前の掟」は、まずアースシーで魔法がどんな働き方をするかという、本質的な要素の一つをさぐっている〟と覚え書きに書かれています。

末尾の短篇「革命前夜」は胚芽ではなく、長篇『所有せざる人々』が書かれたあとの実りの贈りものだと著者は言っています。「九つのいのち」はSFで、クローンの問題が心理的に展開されていて面白く、「帝国よりも大きくゆるやかに」もSFですが、冒険やアクションではない心理の展開が面白いです。

各作品には、作者がどのように題材を発展させていったかの覚え書きが付されていて、作品を理解するのに役立ちました。

ヒューゴー賞を受賞している「オメラスから歩み去る人々」は感動的な作品です。覚え書きに「ドストエフスキーは偉大な、そしてラディカルな芸術家であったが、彼の初期の社会主義的ラディカリズムは、のちに一転して、彼を激烈な反動主義者に変えた」と書かれていて、考えさせられました。

（＊対象＝中学生以上、読書情報交換誌「どかんしょ」一九号、一九九八年一〇月）

生きるってどんなこと？

銀河の旅

「銀河鉄道の夜」（『銀河鉄道の夜』所収）
宮沢賢治〈作〉岩波書店

五年前、当時小学六年の長男、四年の長女、一年の二男とアニメ映画「銀河鉄道の夜」を見ました。原作に忠実に作られている映画で、感動しました。

父親は長期不在、母親は病気。学校が終わると、植字工として働く貧しく薄幸な少年ジョバンニが、星祭りの夜、独りぼっちで丘に登り、夢の中で銀河鉄道に乗ります。いつの間にか親友のカムパネルラも一緒で、共に銀河の旅に出かけます。途中、さまざまな人々と出会い、不思議な体験をします（それらは、実はすべてジョバンニの心象風景なのですが）。けれど、夢からさめると、旅の途中で姿を消したカムパネルラは、川に落ちた級友を救おうと、飛び込んで水死していました。

友情とは？　自己犠牲とは？　愛する者を失う時、人は皆、夜汽車に乗って死者を見送ってくるのでしょうか？　愛する者と別れる時、その人はどこへ行き、残された者はどうすればいいのでしょうか？　ジョバンニが駆けつけると、カムパネルラが飛び込んだ川には、川幅いっぱいに、銀河が映っています。この世の川もまた天の川なのか。そうであるのなら、寂しさに耐えて力強くこの世を生きていくことが、いつかまたカムパネルラに出会うことになるのです。病気のお母さんの待つ家へ、牛乳瓶をしっかり抱えて走っていくジョバンニ。

このアニメが夏休みにまた、映画館で放映されるといいな。少年時代の最後の時期にある、小学六年の二男ともう一度見たいものです。

（＊対象＝小学校高学年以上、「西日本新聞」一九九〇年七月一〇日）

人生をどう生きるのか

『ともしびをかかげて』
ローズマリ・サトクリフ〈作〉猪熊葉子〈訳〉
岩波書店

オウム真理教教団内で猛毒サリンが作られていたこと、高学歴で前途有望な青年が製造にかかわっていたことなどが明らかになってきています。それとともに、「なぜ？」という疑問が広がります。五月一七日付の「西日本新聞」の「座談会　オウムはなぜ」のなかで、評論家の浅羽通明氏が「理系の秀才は専門の勉強で精いっぱいで、人生や社会を考える暇がない」と述べています。

現代の日本は合理性追求、科学万能の世の中であり、学校でも子どもたちは物事を自然科学的見方で認識するように教育されています。想像力を養ったり、感性を育てたりする教育が欠けているように思います。

教育心理学専門の佐々木宏子氏が次のように話しています。「今の学校教育は、子どもにどう生きていけばいいのか考える時間を与えていない。ばらばらの知識体系からは自分の人生を構築できない」と。
人生や社会について考えたり、どう生きるのかという精神面をきたえる教育が、化学や医学に携わる人間ほど必要です。そういう人ほど読書をしてほしいと思います。ブリテンを舞台に、歴史的事実を踏まえ、闇へと向かう時代に、光を掲げようとして抗う人間像を描き出した『ともしびをかかげて』など、サトクリフの歴史小説を中・高生に読んでほしいと思います。

（＊対象＝中学生以上、「西日本新聞」一九九五年六月五日）

朝の貴重な一〇分、何に使う？

『鳴りひびく鐘の時代に』
マリア・グリーペ〈作〉大久保貞子〈訳〉
冨山房

『時の旅人』アリスン・アトリー〈作〉

小野章〈訳〉評論社

青森市に住む友人が送ってくれた新聞に、ある高校の朝の一〇分間読書の紹介記事が載っていました。「読書の時間は月曜から金曜までのホームルーム前の一〇分間。漫画、雑誌以外なら読む本は基本的に自由。読書後に感想文の提出を求めることもなく、ひたすら本に読みふけってもらい、本や活字に慣れるのが第一の目標だ」というのです。

このことを長女と話題にしたところ、「高校生の時は勉強と部活動に追われてほとんど本を読まなかった。朝一〇分の読書の時間があったら、本が読めたろうに」と言います。高校生という感受性豊かな時期に全く読書する時間がなかった、というのはかわいそうなことだったと思います。

朝の一〇分は貴重な時間です。書き取りや英単語のテストをしたほうが成績は上がるかもしれません。でも、心を育てる教育が叫ばれる昨今、読書によって視野を広げ、人生について考える生徒を育てることになるかもしれないとしたら、どうでしょう。

マリア・グリーペ作『鳴りひびく鐘の時代に』やアリスン・アトリーの『時の旅人』などを中・高生に読んでほしいと思います。

（＊対象＝中学生以上、「西日本新聞」一九九八年一二月二二日）

懐かしい人に再会したよう

『草の花』福永武彦〈著〉新潮文庫
『古事記物語』福永武彦〈作〉岩波少年文庫

一昨年、二七年ぶりに高校時代の担任の先生のお宅を訪ねた時、書棚に福永武彦の著作『海市』を見つけました。懐かしい人に再会したような思いがしました。

福永武彦の作品で初めて読んだのは『草の花』でした。愛と孤独と死をテーマにしたものので、これを皮切りに彼の小説を次々に読んでいきました。この本を手に取ると、それを読んだ頃のことを思い出します。まだ人生に迷うことなく、精神がキラキラ輝いていたような若い日々のことを。その二年後、ほんの少しかかわった大学闘争のなかで、自分の生き方に悩む日々を送ることになります。以来、彼の作品は読まなくなってしまいました。

幾年かが過ぎ、親となり、子どもたちと昔話や児童文学を読むなかで、思いがけず『古事記物語』に出会いました。日本の神話に浸《ひた》りながら、『草の花』を読んだ日々を思い出しています。

（＊対象＝小学校高学年歳以上、「西日本新聞」一九九六年二月五日）

時の旅人
しずくの首飾り
第九軍団のワシ
王のしるし
銀の枝
太陽の戦士
ともしびをかかげて
運命の騎士
辺境のオオカミ
ロビンソン・クルーソー
ジョコンダ夫人の肖像
バスカビル家の犬
魔女と暮らせば
くらやみ城の冒険
ひみつの塔の冒険
オリエントの冒険
さいごの冒険
ハイジ
ガリヴァー旅行記
宝島
ムギと王さま
ツバメ号とアマゾン号
ツバメの谷
ヤマネコ号の冒険
長い冬休み
ツバメ号の伝書バト
海へ出るつもりじゃなかった
ひみつの海
六人の探偵たち
女海賊の島
灰色の王
光の六つのしるし
樹上の銀
影の王
がんばれヘンリーくん
ヘンリーくんとアバラー
たのしい川べ
村は大きなパイつくり
すてきなケティ
ルビーの谷
床下の小人たち
野に出た小人たち
川をくだる小人たち
小人たちの新しい家
旅の仲間
二つの塔
王の帰還
ホビットの冒険
影との戦い
こわれた腕環
さいはての島へ

詩の意味をかみしめる時

「一握の砂」（『一握の砂 悲しき玩具』所収）
石川啄木〈著〉岩波少年文庫

高校一年の時、教室の後ろの黒板に、石川啄木の短歌を三首ずつ書いていったことがあります。国語が専門の担任の先生が、ホームルームの時間にその歌を順に解説してくれました。誰が書いたのかという問いに、私は名乗り出ぬまま過ぎてしまいましたが、青春の思い出の一つです。

高校卒業を目前にしたある日、がらんとした理科室の黒板に島崎藤村の「惜別の歌」がきれいな字で書かれていました。「遠き別れに耐えかねて　この高殿にのぼるかな……」と、やがて別れる友と声を合わせて歌ったことでした。

今、息子の通う中学校の玄関の黒板に「少年易老学難成　一寸光陰不可軽　未覚池塘春草夢　階前梧葉已秋声」の漢詩が掲げられています。今はよく分からなくても、いつか、その詩の意味をかみしめる時が来るでしょう。青春は戻ってこないのです。今を精いっぱい生きてほしいと思います。

（＊対象＝中学生以上、「西日本新聞」一九八七年二月三日）

水引草に風が立ち

『立原道造詩集』中村眞一郎〈編〉角川文庫

水引草を描いた小皿を買いました。立原道造の詩の一節を思い出します。「夢はいつもかへつて行つた　山の麓のさびしい村に／水引草に風が立ち／草ひばりのうたひやまない／しづまりかへつた午《ひる》さがりの林道を」。高校生の時に読んだ『立原道造詩集』の「のちのおもひに」のところを開くと、余白に何やらびっしり書きこんであります。文学をやろうと決めたあのころから三〇年がたっていました。結婚、子育てと、あっという間に二五年が過ぎましたが、子育ての間、わが子や地域の子どもたちに細々と本の読み聞かせを続けてきたことが、まあ唯一、志を捨てなかったというところでしょうか。

一年の終わりが近づくと、高校時代の担任の先生の言葉を思い出します。「死を前にした時に、これで良かったと思える人生を送りなさい」と。今はまだ、これで良かったと思えるような人生を送ってはいません。

子どもたちの心を引き付ける昔話、子どもの成長を内面から助けるファンタジー文学、あるいは児童文学、これらのどれかでもまとめることができたなら、と思うのです。

（＊対象＝高校生以上、「西日本新聞」一九九六年一二月七日）

みんなゆずってゆくために

「ゆづり葉」（『酔茗詩抄』所収）
河井酔茗〈作〉岩波文庫

自民党が制定準備を進めているエネルギー政策基本法案が明らかになったと、報道されました。原子力を事実上、中核的な電源とすることを前提に、電力の安定供給を柱にした内容で、秋の臨時国会で成立を目指すといいます。同日の「西日本新聞」に「原発推進へ米が政策転換」という見出しもあり、暗たんたる思いで記事を読みました。

チェルノブイリ原子力発電所の事故を初め、国内外の事故の徹底的な解明はなされたのでしょうか。原子力発電推進で起きるもろもろの矛盾を、どのように解決するのでしょうか。現在の快適な生活を維持するために、そのつけを子どもたちに払わせることにならないかと心配です。

わが子が小学六年の時の国語の教科書に、河井酔茗の詩「ゆずり葉」（岩波文庫版では「ゆづり葉」）が載っていました。

世のお父さん、お母さんたちは
何一つ持ってゆかない。
みんなお前たちにゆずってゆくために
いのちあるもの、よいもの、美しいものを、
一生懸命に造っています。

と、あります。でも、原子力発電があるかぎり、私たち親にはこのような歌は歌えないでしょう。

（＊対象＝小学校高学年以上、「西日本新聞」二〇〇一年五月二五日）

「自我」を守った建築の物語

『砦』 モリー・ハンター〈著〉 田中明子〈訳〉
評論社

スコットランド北部と、その沿岸にある島々に、紀元前一世紀の中頃から紀元後一世紀の末頃に至るまでの期間に建設された、ブロッホと呼ばれる頑丈な石の建造物が遺《のこ》っているそうです。円筒形に近い中空状の建造物で、構造は徹頭徹尾防御的であり、海からの危険に対処するためであったらしく、それが五〇〇個もあるというのです。

『砦』の作者モリー・ハンターは、世界のどこにも類を見ないブロッホのユニークさにうたれ、思いをめぐらします。そして、「これはブロッホという形を取る前に、一つの着想であった、一人の人間の鋭い知性から生まれた一つの着想であった」(「はじめに」より)と確信します。ブロッホという歴史的遺物に想像力を触発されて、この作品を書いたのだそうです。

時代は二千年前。スコットランド北部のオークニー諸島に住むケルトの部族は、たび重なるローマ人の奴隷狩りの襲撃に悩まされていました。足の不自由な青年コルの天才によって築き上げられた、防御のための完璧な砦・ブロッホにより、ついにローマ軍を撃退するという物語です。古代ケルトの風習や、ドルイドの宗教のことなど、作者の豊かな民俗学的知識も随所に織りこまれています。

河合隼雄氏は著書『子どもの本を読む』（楡出版）で、この作品のことを次のように書いています。「コルの心に理念（idea）として生じたものが、事実（fact）として具現化されるためには、実に大きい努力と、犠牲が必要であった。そのような経過をモリー・ハンターは見事にわれわれに示してくれた」、「それは実のところ、ブロッホという事実（fact）を見ているうちに、彼女の心のなかでそれに呼応する理念（idea）が動きはじめ、両者をつなぐものとして、その物語が生まれたのである」と。また、こうも述べています。「砦の姿は西洋近代の女性の自我の守りとしてもイメージされる」、「ローマ軍の侵入は、自我をおびやかす無意識の力と読みとってみてもいいだろう。螺旋状の床を踏みしめ踏みしめ、強力な砦を築いてゆく過程は、強い自我の守りを築く過程とも考えられる」と。

この作品には一九七四年度、カーネギー賞が与えられたとあります。心を揺さぶられた作品で、地図帳を広げてスコットランドやオークニー諸島を見ながら、ブロッホというものを見てみたいと思っているところです。

（＊対象＝高校生以上、読書情報交換誌「どかんしょ」一六号、一九九八年三月）

トルストイを読もう

『戦争と平和』
レフ・ニコラェウィッチ・トルストイ〈著〉
北御門二郎〈訳〉東海大学出版会

聞き書きシリーズ（「西日本新聞」）でトルストイ研究者・北御門《きたみかど》二郎氏の「くもの糸」が始まりました。ちょうど、その一週間前からトルストイの『戦争と平和』を読み始めたところでした。

五〇〇人を超す登場人物を描き分け、五年の歳月にわたって書かれたというこの大作を、今まで読み通す自信がありませんでした。児童文学者の松居直氏が「『戦争と平和』より面白いものをかつて小説では読んだことがない。これを読んで、本当に戦争と平和の意味を考えさせられた」と語っているのを講演録で読みました。今年こそ読破しようと思いました。

「くもの糸」一回目には、北御門氏訳の『戦争と平和』は「知性でなく心で訳している」と評価されたと記されています。氏の翻訳による『戦争と平和』を読んでみたいと思いました。このシリーズがとても楽しみです。読書の秋にふさわしい企画だと思います。

（＊対象＝高校生以上、「西日本新聞」一九九二年一〇月二八日）

本を人生の友として

「野上彌生子日記」を読む

『野上彌生子全集』（第II期日記19巻）
岩波書店

高齢化社会、人生八〇年と言われて久しい。女性であれば五〇歳前後で育児が終わっても、その後、三〇年以上の人生があるわけです。この三〇年をどう生きるかで、その人の人生は大きく違ってきます。これからどう生きるのかと考えていた時、一〇〇歳近くまで小説『森』を書き継ぎ、現役作家として長寿を全うした野上彌生子の生き方をたどってみたいと思いました。

学生時代に『真知子』を読んで感動し、三人目の子どもの出産前後に『迷路』を読み、その後の二年間、三児の育児に追われ新聞さえ読む暇もなかった精神の飢えをこの作品に救われたと思っています。今から一四年前の一九八七年一一月二四日の「西日本新聞」生活欄に永畑道子氏が「野上彌生子日記」の一部を紹介し、子育て時の彌生子は「独りになりたい気持ちと、家族相よるときのしあわせ。作家と、母親であることのズレに、心は引き裂かれるようであったろう」と書いていました。野上彌生子ほどの作家にしてそうであったのかと勇気づけられ、いつか日記を読んでみたいと思っていました。

日記は一九二三年七月三一日（三八歳）から始まっていて、三人の子どもを育てている時期ですが、子どもへの愛情は深い。彌生子は英語ができるので、子どもを育てながら、ブルフィンチの「伝説の時代」やラムのものを翻訳している。それらがブルフィンチ作『ギリシア・ローマ神話』、ラム作『シェイクスピア物語』として今でも岩波少年文庫のなかに入っているのには驚きます。彌生子は同郷出身で二歳年上の野上豊一郎と一九〇六年夏に結婚。が、彌生子の初恋の人は中勘助であり、そのことが夫婦の間にわだかまりになっていたようです。夫婦げんかのことを書いている最初のところ。「涙がせきあえず流れた。早く床に入る。泣きながらねた。（中略）あらゆる、古いすべてのおもひ出で、あらゆる忍従にひめてゐた涙の洪水である」（一九二四年一月一一日）。夫は彌生子の男性の来客にも干渉したようです。「私が彼の妻として来訪の客に面接するといふこと――ことに私の出版の用事さへある人に逢ふと云ふことがなぜ悪いのだ」（一九二四年三月二九日）と日記のなかで抗議しています。

野上豊一郎は英文学者としてオースティンやスウィフトなどの翻訳をし、後に法政大学総長になり、日本で最初の能の研究者として知られた人です。しかし、彼は彌生子を家に閉じこめておき、彼女は家の中で読書したり習作を書いて過ごしたようです。

日記には、彌生子の初恋の人・中勘助への思慕がたくさんのページをとって綴られています。「死ぬまでに逢へたら嬉しからう」、「私のこの秘密を知らなければ、私をほんとうに解する事は出来ない」（一九三五年七月六日）とまで五〇歳の彌生子は書く。そして、四〇年余りの時を経て、二人が対面するのは豊一郎の葬儀のあとです。「午後中勘助夫妻が見えて、丁度他の吊《ママ》問客ともかちあはず、一時間あまりゆつくりして行つた」（一九五〇年三月一四日）。二人とも六五歳になっていました。

彌生子も中家を訪問する。「公明正大な」ハガキの文通も交わすようになる。中が亡くなるまで交際は続きますが、時の流れのなかで、心は冷静になっています。七九歳の時の日記。「私にとつては苦しい、懊悩の数十年であつた。しかもいまとなつては彼とほんのあれだけの触れあひを超えなかつた事は、おたがひになんと幸運であつたかと思ふ。（中略）私の晩年の生活が現在の好ましい形式をうちたてる事ができたのは、彼と別々の道を歩いて来たためといつてよい」（一九六五年一月二〇日）と書くまでになっていました。

さて、戦時下の彌生子のことに少し触れたいと思います。彼女は超然として軽井沢に隠遁していたのではなく、戦況や社会に強い関心を持っていました。新聞記事からイタリアの降伏、アッツ島全滅、学徒出陣、戦災の様子などを日記に書き留め、厳しく批判しています。食料難の時代に、大分県・臼杵《うすき》の実家から米、みそ、しょうゆなどを送ってもらい、野菜や小麦粉の買い出しに出かけ、ヤミで牛肉や砂糖を手に入れるなど、子や孫のために奮闘し、たくましい生活者であったことがうかがわれます。それに、一九三九年に夫と共にヨーロッパ旅行をしていた際、第二次大戦が勃発しています。

野上夫妻は昭和初期に軽井沢に山荘を建て、以後、彌生子は夏はこの山荘で過ごすのですが、同じくこの山荘に暮らす哲学者・京都大学教授の田辺元《はじめ》夫妻と親しく交際していました。やがて、夫人を亡くして(一九五一年九月)、孤独になった田辺元を訪問して親しく会話するようになります。田辺はたくさんの詩や小説も読んでおり話題が豊富で、思想的にも近く、彼女は敬愛の情を深めていきます。「思へばこの世の中はなんとふしぎなものであらう。(中略)愛と、友情と、尊敬と同じ思想と学問的情熱でむすばれ、それ以外にはなんらの自己的な要求も期待もしあはないで生きるといふこと、こんな愛人同士といふものが曾つて日本に存在したであらうか」(一九五三年一一月一一日)と六八歳の時の日記に書きます。

毎年、初夏あるいは春から秋深くなるまでの北軽井沢での一対一の哲学の講義と会話、冬に彌生子が東京にいる間は手紙の交換が、一九六一年一月に田辺が脳溢血で倒れるまで一〇年近く続きます。田辺は彌生子が書き続ける『迷路』に、賞賛と感動の言葉を惜しみなく注いだ手紙を送って励ましてくれます。彌生子は執筆の仕事の間にも、四日目ごとの一対一の哲学の講義をノートに記録し、後で日記に清書しています。ギリシア哲学、ライプニッツ、ヘーゲル、カント、パスカル、ヤスパース、キェルケゴール、サルトル、時間と空間、個別と普遍、信仰と理性、禅と弁証法、などなど。

日記から、『迷路』の終結に近い「脱走」の章で苦悶する様子がうかがわれます。また、『迷路』の続篇を書くつもりであったようで、野坂参三に延安の話を、宮本顕治から党の考え方を聞いています。スメドレーの『中国の歌ごえ』を読みます。けれど、続篇は書かれませんでした。

四二歳の時、「家族のあまりに甘い雰囲気の中では書きものはダメだ。(中略)絶対の孤独を必要とする。子供たちがみんな大きくなつて、ひとりしづかに人生を観照しながらものを書く日の来るのを望む。それまでぼけないで、頭をたしかにすることを心掛けねばならない」(一九二七年八月四日)と書いた彌生子が、この決意の通り、後に軽井沢の山荘にこもって、執筆に専念する姿に感動しました。一生を通していつも読書していました。目が痛くなるほど読んでいます。
八三歳の時「いかに孤独を感じようとそれにうち克ち、かへつて幅びろいこころを養つて主体的な生活を保ちつゞける事ができるのは、ひとへにペンの御かげである」（一九六九年四月二七日）と書きます。高齢化時代の生き方に一つの手本を示しています。

（第一四回野上彌生子賞読書感想文全国コンクール入賞作品、二〇〇二年二月）

未完成の死、愛の永遠性

『石川節子』澤地久枝〈著〉講談社

二年ほど前、ＮＨＫの銀河テレビ小説で「愛・信じたく候《そうろう》」が放映されました。幼い三児の育児に追われ、低血圧と腰痛に悩み、鬱屈した日々を送っていた私は、病苦と貧困のなかで啄木との悲惨な結婚生活を送る石川節子に、自分を重ね合わせて涙を流したものでした。

今、原作を読んでみて、青春時代にその歌に心引かれた啄木の実人生が、こんなに苛酷であったのかと、息をのむ思いがします。啄木はその晩年、大逆事件に出会い思想的に大きく成長しながら、未完成な死をとげます。文学も思想も含めて、啄木の才能がやがて世に認められたことについては、節子が夫の遺稿を後世に残そうと適切な措置をとったことに帰するところが多い、と著者は述べています。

結婚する前の堀合節子は、女学校を出、ピアノやバイオリンをひき、自らも歌を詠んだといいます。当時としては大変恵まれた境遇に育った、才能豊かな女性だったようです。若い日に「愛の永遠性なると言ふ事を信じ度候《たくそうろう》」と書いた節子。一度は身も心も病んで疲れはて、生活を投げかけたものの、貧困にも病苦にもめげず、夫の才能を信じて啄木の妻として生ききった人生に、深い感動を覚えました。

しかしもし、節子が啄木と一緒にならず、自らの才能を開花させていたなら、と惜しむのは私だけでしょうか。

（「西日本新聞」一九八三年八月二六日）

大地恋しい

『不知火ひかり凪』
石牟礼道子〈著〉筑摩書房

家のすぐ近くを高速道路が走るのと同時に、国道3号線の道路幅も広げるといいます。道路沿いに住む人たちが次々に引っ越していきます。いよいよ、ここもコンクリートの街になるなあと思いつつ、石牟礼道子氏の「不知火ひかり凪」(「西日本新聞」一九八五年三月三〇日、家庭欄)を読み、ひとしお「大地恋しい」、「緑恋しい」思いがしました。

牛がのんびりと寝そべり、菜の花が一面に咲いていた光景を思い浮かべる。季節の移り変わりと共に変わる自然のなかで、思い切り駆け回った子どものころを思い出します。私たちはまだいい。子どものころの大地の思い出を抱いて生きていけるから。

今育ちつつある子どもたちのために、できるだけの自然を残しておいてあげたいのですが。

(「西日本新聞」一九八五年四月五日)

＊一九八五年から一九八八年まで「西日本新聞」に連載された「不知火ひかり凪」は一九八九年に筑摩書房より出版されました。

埴《はに》谷《や》雄《ゆ》高《たか》氏をしのぶ

『架空と現実』埴谷雄高〈著〉未來社

作家の埴谷雄高氏が亡くなりました。本棚に評論集『甕《かめ》と蜉蝣《かげろう》』、『鞭《むち》と獨樂《こま》』、対話集『架空と現実』が並んでいます。学生時代、椎名麟三の文学を自分のテーマとし、関係資料を集めるなかで、埴谷氏の本や文章に多く接しました。代表作の『死霊』は少しは読みましたが、難解でついていけず、途中でやめました。

一〇年前、埴谷氏が島尾敏雄追悼の文を書いておられるのを読みました。井上光晴氏が島尾氏が芸術院会員になったことを叱責した時、「井上君、島尾には、マヤちゃんがいるんだよ、金はいくらでも要るさ」と言って氏が調停役となったことが書かれていました。島尾氏には、口がきけなくなったお子さんがおられたのです。埴谷氏の心の温かさに触れた思いがしました。

氏は同時代や後輩の作家に温かい視線を注いだ方だと思います。昨年でしたか、テレビで拝見した氏は、同時代の作家が次々と亡くなるなか、寂しい思いを抱いているように見受けられました。

（「西日本新聞」一九九七年二月二七日）

心に降る桜

『ヴェルレーヌ詩集』
堀口大學〈訳〉新潮文庫

昔、通った大学の構内に寮があり、その周りに桜の木々がありました。古い木造の建物を背景に華やかに咲く桜の花は美しかった。寮生だった友人は「夜、裸電球の下がる廊下の、暗がりの開け放たれた窓から舞いこむ花吹雪は痛みにも似た思いを感じさせる。その散る花びらをさらに細かくしたい衝動にかられる。そうしたら、その舞う姿は、その白い輝きを一層強めることだろう」と綴った手紙を残し、全共闘の運動に入っていきました。

その気持ちも運動の意味も理解できなかった私は、吹き過ぎていった政治の季節に、なすすべもなく佇むだけでした。あれから幾十回の桜の季節が巡ったのでしょう。

「巷に雨の降るごとく　わが心にも涙ふる」と歌ったヴェルレーヌの詩のように、時折、心の奥で桜の花びらが降りしきります。来年、還暦を迎える節目に図書館づくり運動の歩みの続編をまとめようと頑張っています。あの季節に問われた課題への私なりの答えの一つとして。

（＊対象＝高校生以上、「西日本新聞」二〇〇八年三月三一日）

ひたむきさは危険と隣り合わせ

『つつじのむすめ』
松谷みよ子〈文〉丸木俊〈画〉あかね書房

真っ赤なつつじを見ると思い出す昔話絵本に『つつじのむすめ』があります。

昔、ある山の村に、いとしげな娘がいました。祭の晩に知り合った若者に恋をして、山を五つも越えて会いに行きます。家を出る時、娘は手にもち米を一握りずつ握りしめ、走りに走って、五つの山を越えて若者の家に着くころには、手のひらのもち米はつきたての餅になっていたといいます。けれど、毎晩毎晩、山を五つも越えてやってくる娘は魔ものではないか、と若者は疑いを抱きます。ある晩、若者は娘を崖から突き落としてしまいます。谷底を染めた娘の血が真っ赤なつつじの花になったというお話です。

これは、信州に伝わる「餅を握りしめて走る女」を絵本にしたものだと思います。日本の昔話のなかに、こんなに情熱的な話があることに、まず驚きました。

ひたむきな人生は美しいし、若い時はひたすら走り通してしまうこともあるでしょう。でも、この話は、ひたむきさは危険と隣り合わせであることを示唆しているのではないでしょうか。年をとって身体がくたびれてくると、ひたすら走ることなどできませんが、急がずゆっくり、自分の山を登ろうと思います。

（＊対象＝小学校高学年以上、読書情報交換誌「どかんしょ」一二一号、一九九七年五月）

私自身の物語

『帰還――ゲド戦記最後の書』
アーシュラ・K・ル＝グウィン〈作〉
清水真砂子〈訳〉岩波書店

一〇代のころ、女性の一番の幸せは結婚して子どもを生み育て良い家庭をつくること、という考えを押しつけられるのが嫌でした。自立して生きていきたいと思っていました。が、結婚して子どもが生まれてみると、自立どころではなく、幼い子を育てるので手いっぱい。エネルギーのすべてを子どもに注がざるを得ず、社会から取り残されそうな焦りを感じました。七〇年代、女性の自立を掲げたウーマン・リブ運動が華やかなころだったのでなおさらでした。

子どもの成長と共に少しずつ余裕ができ、家庭文庫を始めたり、新聞へ投稿したり、ささやかながら社会とのつながりを持てるようになりました。それでも、仕事と子育てを両立させている友人と比べると、自分が社会に役立つ仕事をしているとは思えませんでした。

子どもたちに手がかからなくなり、さてこれから自分はどう生きていくのかと考えていた時、『帰還——ゲド戦記最後の書』を手にしました。主人公の一人、テナーはいわば人生を一周し、二周目のとば口に立った女性として登場します。ファンタジー文学のなかで、老後の問題や成熟したフェミニズムが語られていることに驚きました。

ウーマン・リブ運動に背を向けて生きてきた自分にフェミニズムは無関係だと思っていましたが、テナーの立っている位置のごく近くに自分がいることに気が付いたのです。というより、テナーは私自身だと思われました。そして、この本は私自身の物語であると思われたのです。

（＊中学生以上、「西日本新聞」一九九五年九月二六日）

chapter 1

すべてすんだが何も終わっていない

『マラフレナ』（上・下）
アーシュラ・K・ル・グィン〈著〉
友枝康子〈訳〉サンリオSF文庫

一九世紀初めのヨーロッパ、オーストリア帝国の属領となっている架空の小国オルシニアを舞台にした小説。フランス革命、ナポレオンの栄光と失墜、ナポリやピエモンテでの革命の影響が及んでくる一八二〇年代に設定されています。作中の人物サンギュストはそれと関係する亡命中の革命家で、実在の人物だそうです。ヴォルテール、バイロン、ルソー、メッテルニヒなどの名も出てきます。『マラフレナ』はそうした史実や実在の人物によって輪郭をかためられた世界の内側に、主人公イターレ・ソルデを初めとする想像上の人物が活躍するオルシニアという架空の空間をすっぽりとはめこんでいます。

この物語で大きな比重を占めているのは、政治運動、投獄の体験、苦悩、暴動の失敗などです。希望を抱きながら挫折し、あるいは自殺し、転向していく青年群像が描かれています。物語の終わりに近いところで、イターレ・ソルデについて次のような記述がありま す。「彼自身の内の奥深くに、夢よりも深い所、独房監禁の二年間をすごしたどん底になにかが、苦しみのあまり石のように固く、おし黙ったままでまだ残っていた。すべてがすんだ、終った、なくなってしまった。だが内実はなにもすまずなにも終ってはいない。そして彼は歩み続けねばならない」と。

ここを読んでいて私は、三〇年前の学園闘争のことを思い出しました。全共闘運動の高まりのなか、学生会館自治の問題をきっかけに、学生大会で無期限ストライキが決議されました。決議に従い授業をボイコットしていた一般学生は、夏休みが終わるころには、ストライキをやめ試験を受けるようにという大学側の説得に応じ、試験を受けなかったのは私を含め、ほんの一握りの学生でした。そして、闘争理論を持たない私たちは、あとはどうしてよいか分かりませんでした。休学して実家に帰った友、中退した友、私も自分の行き場を失いましたし、それぞれに長く厳しい冬が待っていました。そして、次年度、何も解決しないまますべてが終わり、大学は平常に戻ったのでした。

一九六〇年代後半の学生の反乱は世界規模の広がりをもち、アメリカでは五〇万人の青年学生が集まったシカゴ市街戦などが起きています。ル・グィンはそういう若者たちの姿に触発されてこの作品を書いたのではないか、あの時代の私たちのことを描いたのではないかと思いました。『所有せざる人々』と共にとても好きな作品で、手元に持っていたい本ですが、残念ながら手に入らないので、図書館から借りて読んだ作品です。

（読書情報交換誌「どかんしょ」二一一号、一九九九年三月）

人生の断片をひとつにする

『マディソン郡の橋』
ロバート・ジェームズ・ウォラー〈著〉
村松潔〈訳〉文藝春秋

随分前に話題になった小説で、何年か前に映画化もされました。その映画を私は見たのですが、主人公のフランチェスカが子どもたちへの遺書の中で次のようなことを述べる場面があります。「四日間で、彼はわたしに一生を、ひとつの宇宙を与え、ばらばらだったわたしの断片をひとつにしてくれました」と。彼とは、もう一人の主人公であるロバート・キンケイド。この言葉をふと思い出したら、急に、この本を読みたくなりました。

実はこの度、これまで新聞などに投稿した原稿を集め、一冊の本にまとめることにしました。しかし、改めて読み返してみると、書いた時の気持ちや状況がよみがえってきて、懐かしかったり苦しかったり、この一九年間のことを追体験することになりました。随分前の文章を読み返す時は、時間の差だけでなく、物の見方の違いや筆力の差が見えてきて、気恥ずかしさを覚えずにいられませんでした。思いついた時に思いつくままに、気ままに書いたものばかりで、本にするほどのものだったろうかと冷汗の出る思いがします。ただ、本にまとめることでばらばらだった自分をひとつにできたという思いがあり、自分では気付かなかったものの、どんなことを気にしながら生きてきたのかが分かった気がします。「ばらばらだったわたしの断片をひとつに」してくれたのが、私にとっては出版だったのだと思います。

（読書情報交換誌「どかんしょ」二三号、一九九九年七月）

●考えてみたいこと　3●

公立小・中学校図書館の現状

司書教諭の配置

一九九七（平成九）年の学校図書館法の一部改正により、二〇〇三（平成一五）年四月から一二学級以上ある小学校、中学校・高等学校に司書教諭が配置されることになりました。学校図書館法は一九五三（昭和二八）年に制定され、全国の小学校、中学校、高等学校に学校図書館を設置し、学校図書館には司書教諭を配置することを定めました。ところが、その附則に「当分の間、司書教諭を置かないことができる」とあったため、今日まで、ごく一部を除いて学校図書館に司書教諭は配置されませんでした。学校図書館という施設はあっても、運営の中心となる司書教諭がいないという状況が五〇年間続いてきたわけです。

それでは、この度の司書教諭の配置で学校図書館は再生するのでしょうか。問題点がいくつかあります。一つは、司書教諭が専任ではなく兼任であることです。なぜなら、今回の改正で、教員の定数が増えるわけではないからです。兼任なので授業とかけもちです。学校図書館に常駐というわけにはいきません。それどころか、クラスを抱え、学校図書館の仕事にはかかわっていない司書教諭が多いようです。

二つ目は、一一学級以下の小規模校は司書教諭を配置しなくてもよいことになっていますが、全国の学校のうち、半数近い学校がこれにあたります。

三つ目は、自治体独自の努力により配置され、実質的に学校図書館の運営を担ってきた学校司書（学校図書館担当の事務職員で、法律上の明確な規定はない）が制度化されなかったことです。

学習・情報センターとして

さて、二〇〇二年度から実施されている新学習指導要領では「総合的な学習の時間」を初めとして「調べ学習」が取り入れられているといいます。これまでの知識を詰めこむ教育から「自ら学び、自ら考え、主体的に判断し、行動し、よりよく問題を解決する資質や

5の1
3年　4年
5年　6年
4月
05
月
返却日

能力」を育成する教育へと転換を求められているといいます。とするなら、それを担うものとして、学校図書館の役割が重みを増すことになるのではないでしょうか。

学習・情報センターとしての学校図書館の整備・充実が必要ですが、調べ学習に対応できるだけの本や資料が揃っているのでしょうか。

読書センターとして

学校図書館は児童・生徒にとって読書センターとしての役割があるわけですが、この点でも充分ではないのが現状です。読み聞かせに出かけている小学校で図書館を見せてもらったのですが、古い本が並んでいるだけの「本置き場」（本の倉庫）になっていて、読書を楽しむ雰囲気ではなく、本棚が生きていません。子どもたちが読みたくなるような蔵書構成が必要です。

教材・教育情報センターとして

また、学校図書館には教材・教育情報センターとしての役割があり、これは主として教師にたいして、授業などで利用する情報・資料を収集して提供するサービスです。自校にない場合は、公共図書館や他機関と連携して貸し出しを受け提供します。そのためには、専任の司書教諭や司書が図書館に常駐していなければできないことでしょう。

学校図書整備事業

文部科学省も学校図書が充分でないことを知っていまして、二〇〇二年度から「学校図書整備事業」に着手しています。文部科学省によると、国が定めた標準蔵書数を満たしているのは小学校で三一%、中学校で二三・五%で、全国で約六千万冊が不足しているとして、公立小中学校の図書購入費として、五年間、地方交付税に毎年一三〇億円を上乗せする事業です(五年間で六五〇億円)。

これ以前にも文部科学省は、一九九三年度から二〇〇一年度までの九年間、毎年一〇〇億円、九年間で九〇〇億円を図書費として計上してきました。が、図書購入以外の予算に使われた可能性が強く、図書費に予算化されたのはおよそ三割と推測されています。二〇〇一年一二月に「子どもの読書活動の推進に関する法律」が公布、施行されました。これを受けて、国は二〇〇二年八月に「子どもの読書活動の推進に関する基本的な計画」を策定、今回の図書整備五ヵ年計画はこの基本計画の柱に位置付けられています。しかし、地方交付税は使途が自治体の裁量に任されていますので、予算化することが必要です。自治体はきちんと図書購入費として予算化してほしいし、予算化するように働きかけていかなければならないと思っています。

（「福岡の暮らしと自治」三〇八号、福岡県自治体問題研究所、二〇〇三年八月一五日）

絵本は大人が子どもに読んで聞かせる本

『わたしの絵本論』松居直〈著〉国土社

福岡市民図書館で、児童文学者で福音館書店社長の松居直氏による「絵本の魅力」という講演を聞きました。氏は「現在の子どもが言葉を聞く能力をどれだけ持っているでしょうか。テレビから言葉が垂れ流され、雑音のなかで暮らしていて、本当に耳を傾けて聞くことがあるでしょうか」と問題提起されました。大人の側も「子どもが耳を傾けるに足る言葉を話しているでしょうか。子どもの声を耳を澄まして聞いているでしょうか」と話され、日ごろ、わが子に同じようなことをガミガミ言っている自分を反省しました。氏の著書『わたしの絵本論』には「〝絵本は子どもに読ませる本ではなく、おとなが子どもに読んであげる本〟」と書いてありました。

「面白い本には子どもは心を開き、聞き耳をたてます。絵本という素晴らしい言葉の世界は、読み手である母親（父親）の声を通して子どもの心にしみこんでいき、その言葉が子どもの心の中に残るのです」という考えに深い感動を覚えました。私も三児に本を読んで聞かせてきましたが、自信をもって親子読書を進めたいと思いました。「豊かな心を持つには、豊かな言葉を」と氏がおっしゃるように、読書を通して言葉の豊かな、そして心の豊かな人間に育ってほしいと願っています。

（「西日本新聞」一九八四年九月二六日）

感動をはぐくむ国語教育を

『こども・こころ・ことば』
松岡享子〈著〉こぐま社

新聞で、「細々《こまごま》とした解釈を行っていく高校の国語教育」を批判している投稿記事を読み、小学校でも同じことが言えるなあと同感です。

児童文学者の松岡享子氏は著書『こども・こころ・ことば』の中で「低学年のうちから、主人公の気持ちを、どうだった、こうだったと分析させる」のは非常に気になると述べています。「この年ごろの子どもたちの本の読み方の特徴は、主人公と一体化することにあります。主人公と共感することで、自分を成長させていくのですから」と。この時期の子ども達に分析させようとすると主人公との一体感をこわす危険があり、うまく言葉にならない気持ちをお座なりの言葉で片づけてしまえば、潜在的なエネルギーは消滅してしまうと言っています。

お話を読んで、うまく言葉にならない気持ちや感動を無理に言葉にさせずに、ものを感じる力をはぐくむような工夫が必要ではないでしょうか。

(「西日本新聞」一九八六年二月八日)

昔話には魔力がある?

『昔話の魔力』
ブルーノ・ベッテルハイム〈著〉
波多野完治・乾侑美子〈共訳〉評論社

二男の育児に追われていた私が、五歳の長男とのふれあいのために始めた読み聞かせ。最初のお話は「かちかちやま」でした。そのころ、彼が一番好きだったのが、岐阜地方の昔話「みそかいばし」。三歳の娘が大すきだったのが「おだんごどっこいしょ」。二男が六歳のころ夢中になったのが、「ジャックとマメの木」。公民館文庫で読み聞かせて人気があったのが「おおきなかぶ」。皆で「うんとこしょ、どっこいしょ!」と声を合わせてカブを引き抜きました。

子どもたちとの思い出は尽きません。やがて、子どもたちは児童文学や長編物語を読むようになり、私の手元から離れていきました。私だけが未だに、グリムの「つぐみのひげの王さま」に感心し、「ももたろう」や「くわずにょうぼう」に感動します。

精神分析学者のブルーノ・ベッテルハイム博士の昔話論はとても難しいのですが、簡単にいうと「昔話は子どもの無意識に語りかけ、子どもが無意識のうちに抱いている不安を和らげ、子どもを勇気づけて、人生に立ち向かう力を与える」(「あとがきにかえて」より)

りというものです。スピードの早い時代、知識だけを詰めこむ早教育の風潮のなか、テレビから荒々しい情報が無制限にあびせられる今の子どもたちに、心の栄養源となる昔話を語り（読み）聞かせてほしいものです。

（「西日本新聞」一九八九年一二月六日）

ファンタジーのすごさって何？

『ファンタジーの大学』
ライクウォーター〈編〉ディーエイチシー

何年か前から、ファンタジー文学とは何かと気になっていたので、読んだのがこの本です。第一講から第一〇講までとプロローグ、エピローグをあわせ一二人の人（例えばシンガーソングライター、英米児童文学専攻の大学教授、作家など）が、それぞれの立場からファンタジーを論じています。

そのなかで桂宥子氏（岡山県立大学助教授）のファンタジー論が一番よく分かりました。「ファンタジーとは、たとえ創造力・空想力にたけていても、理解力がじゅうぶんに発達していない『人生経験が大人たちとちがう、特別な人種』を対象とする児童文学の作家たちに与えられた天の恵みである」とあります。

氏はまた次のように述べています。「児童文学は、大人の文学のように、複雑なテーマを広範囲の体験のなかから拾いだすことはできません。そして、子どもの語彙《ごい》はかぎられています」、「生と死、善悪、友情、正義などの人生の真実、あるいは時間、空間、言語、論理などの哲学的概念を『大人の世界の言葉』を用いて子どもに直接語りかけても無意味です」、「大人の言葉とはまったくちがう、子どもたちにも理解できる『新しい言葉』を創造する道がありますが、それこそがファンタジーにほかならないのです」と。

つまり、ファンタジーは、「現実の世界では、言葉の制約上、子どもたちを対象としてあつかえない抽象的または複雑なテーマを、自らが創造した物語世界のなかで、子どもたちに垣間見せることができる」というのです。そして、「ファンタジーがひとたび成功すると、大人をもふくむ万人共通の財産となりえる」というのです。

この本は各執筆者が参考文献を記していて、ファンタジーのよい入門書になりました。

（読書情報交換誌「どかんしょ」一七号、一九九八年五月）

物語のなかへ家出する

『子どもの本の森へ』
河合隼雄・長田弘〈著〉岩波書店

詩人の長田弘氏と心理学者の河合隼雄氏の対談。

長田氏は言います。「『はてしない物語』は、(中略)隠れ場所として、本、物語というのがあるよと語りかける。物語の魅力は、物語のなかへ家出する魅力なんだ」と。中学生時代、私は自分がおかれている現実が嫌で本のなかへ逃避していました。そして、読書が現実からの逃避であることに罪悪感を感じていました。「本や物語のなかへ家出する」という考え方に思い及んでいたら、罪悪感を感じずにすんだろうにと思います。

トルストイ民話集『人はなんで生きるか』、『イワンのばか』など、昔話をとりあげているところも参考になりました。長田氏は「民話は一見古くさくて、のどかで、おくれているように見えるけれども、何でもできる。愚かさから知恵が生まれる。いちばん醜いものに姿を変えられていたものが、実はいちばん美しいものであることができる」と述べます。また、「昔話の魅力は、もとの話を語り手が自由にデフォルメして、再話することから生まれる。ところがTVにはその語り手の魅力がない」と言います。すると河合氏が「語り手の人間味がなくなるんですよ。（中略）生きた人から生きた人へ話をするというのは迫力があります」、「『むかしむかし』というところでぱっとよその世界へ行くわけでしょう？それは連れていってくれる人がいないといけない」と応じます。

また、お二方とも、大人が自分のために子どもの本をもっと読むべきだと勧めています。河合氏は「子どもの本というのは、ぼくらが必死になって言いたがっている真実というのが、そのままピシャリとわかるような話になっている」と語っています。

本書では、子どもの本の世界で「名作」といわれている作品を取り上げて論じています。河合氏が「『名作』というのが、あんがい読まれてなかったりするものだ」と「あとがき」で述べていますが、読んでいない本が結構ありました。マージョリー・ローリングズ作『子鹿物語』（偕成社文庫、全3巻）などをさっそく読んでみたいと思いました。

（読書情報交換誌「どかんしょ」二一号、一九九九年三月）

ワクワクする書棚をつくる

『かんこのミニミニ子どもの本案内』
赤木かん子〈著〉リブリオ出版
『私たちの選んだ子どもの本』
東京子ども図書館〈編〉東京子ども図書館

知人のお宅を訪ねた時、本棚を見せてもらいました。太宰治、中勘助、高橋和巳、柴田翔、島尾敏雄の各著作やクローニン全集などが並んでいました。クローニンの著作以外は全集ではなく、一冊一冊単行本を購入したことが分かる書棚でした。その方の若い時の読書歴が分かって興味深かったのと同時に、そういう書棚を持ち続けていることに衝撃を受けました。高橋和巳の本は、私も随分持っていたのですが、何冊かは処分してしまいました。萩原朔太郎全集、ボードレール全集、宮本百合子選集、椎名麟三の著作のすべて、ドストエフスキー全集などが本棚に並んでいますが、これまでに整理したり片付けたりして書棚から出ていった本もあって、残念ながら、私の場合は読書歴の分かる書棚にはなっていません。

ところで、書店の本棚では本の並べ方で本の売れ行きが違うのだそうです。売れる書棚づくりのできる店員さんは魔法の指を持っているのだそうです。かつて、ある書店の心理学関係の本の並ぶ書棚に立った時、この本もほしい、あの本もほしいとワクワクしたことがあります。このことは図書館にもいえるそうで、いい図書館は本の並べ方が違うのだとか。そういう図書館の書棚の前に立つと、この本も読みたい、あの本も読みたいという気持ちを起こさせるといいます。以前、苅田《かんだ》町立図書館を見学し、児童書のコーナーに立った時、とても幸せな気持ちになったことを覚えています。

小学校や図書館や公民館で長年、子どもに本を読み聞かせてきた関係で、子どもの本のことを考える機会が多いのですが、こんどは児童書全体に目配りをしてみたいと思いました。赤木かん子著『かんこのミニミニ子どもの本案内』を用意し、この本に載っている本すべてに目を通し、手に入る本はそろえることにして、書棚づくりを始めたところです。

東京子ども図書館編『私たちの選んだ子どもの本』も参考にしています。

（「身」会報二八号、二〇〇一年六月六日）

地域に開かれた学校図書館

『アメリカの図書館四十日』
菅原峻〈著〉日本図書館協会

「西日本新聞」社説で、児童数の激減した博多区の御供所《ごくしょ》・冷泉《れいぜん》・大浜・奈良屋《ならや》の四小学校を一校に統廃合する問題が取り上げられていました。そのなかで、「統廃合で生まれ変わる小学校は、地域に開かれているのが特徴だ」としています。そして、「社会教育会館が同居したり、公園と一体化した校庭」などの例を挙げています。

『アメリカの図書館四十日』を読んでいたら、コミュニティー・スクール・ライブラリーというのが載っていました。図書館が村の表通りに面していて、しかも学校に渡り廊下でつながっています。「村の人々はこれを公共図書館として利用する。本を借り出し、またレファレンス・サービスを受ける。生徒たちは、学校図書館としてつかい、また放課後は児童図書館として利用する」というものです。

博多区築港にあった市民図書館が昨年（一九九五年）一一月に閉館。今、この地域に図書館はありません。子どもから高齢者までだれもが日常的に利用できる図書館を造れば、四校区以外からも人がやって来て、地域の活性化にもつながるのではないでしょうか。
（「西日本新聞」一九九六年三月二三日）

希望を失わずに待つ

『子どもと学校』河合隼雄〈著〉岩波新書

長男が大学をやめたいと言い出した時は、目の前が真っ暗になりました。「せっかく入ったのに、なぜ？」と親は思うばかり。理由はいろいろあったようですが、やめてからどうするのかと聞くと、しばらくゆっくり考えたいと言うばかりで、日は過ぎていきました。育て方が悪かったのではないか、と自責の念にかられる毎日。その頃、河合隼雄氏の『子どもと学校』を読みました。不登校の子どもについて、何が原因かと悪者探しをするよりも、「よくなる道を探し出すためにともに努力してゆきましょう」と書かれた個所に救われる思いがしました。また、「毛虫が蝶になる中間に『さなぎ』になる必要があるように、人間にもある程度『こもる』時期が必要」とあります。その時に大切なことは、周囲の者が「希望を失わずに待つこと」とあり、今もこの言葉が胸に響いてきます。

長男は予備校に通ったらと親が勧めるのも聞かず、閉じこもるようにして少しずつ机に向かっていました。そして、再度他の大学を受け、今、そこに通っています。

（「西日本新聞」一九九六年五月三日）

図書館の理念を忘れないで

『真理を私たちに——横浜市民の図書館づくり』
横浜市に図書館をつくる住民運動連絡会〈編〉
西田書店
『読書三到』紀田順一郎〈著〉松籟社

地方自治体の財政難を理由とした図書館への指定管理者制度導入が散見されます。県内でも大牟田市の図書館への導入を新たに耳にしました。自治体は図書館の理念を忘れないでほしいと願うものです。

　昨年、私たちの会で発行した『お〜い図書館！』（石風社）について菅原峻氏主催のメールマガジンで二〇〇六（平成一八）年六月に紹介してくださった横浜文庫研究会会員の鈴木陽子さんからお手紙をいただきました。「出版物、特に本という形で残す大切さを痛感しています。図書館にあれば読めるのですから。会報は、合本して図書館に入れても、全国的に読まれないので」と励ましていただき、今、横浜市では〝横浜市立図書館のあり方懇談会〟が何回かに亘って開かれていて、その委員一一名の中に建築家の寺田芳朗さんがおられ、「町づくりの中で図書館が大事と気付いたのは『真理を私たちに——横浜市民の図書館づくり』という本だったと言ってくれた」と述べています。

　この本は鈴木さんも一員でいらした「横浜市に図書館をつくる住民運動連絡会」が一九八三（昭和五八）年に出版したもので、それを読まれた寺田芳朗氏が、あの素晴らしい苅田《かんだ》町立図書館や伊万里市民図書館をつくったと思うと、私も読んでみたくなりました。最寄りの図書館で検索したら福岡市総合図書館にありました。

『真理を私たちに』という表題は「国立国会図書館法」前文中の〝真理がわれらを自由にする〟という言葉からとったと扉の裏にあります。また、編集および第Ｉ部共同執筆者の方々の「人びとが真理から遠ざけられた時代を知っている」ことへのこだわりが、「一〇年有余の年月を図書館づくり運動にかかわらせ、二年間もかかってこの本をまとめ上げる原動力となった」と、あとがきにありました。

国際図書年であった一九七二（昭和四七）年に、市図書館政策の理念と指針を打ち出した「横浜市図書館行政の施策と展望（意見具申）」を、横浜市社会教育委員会議図書館基本問題小委員会がまとめて、教育委員会に公表。この中で図書館は民主社会での国民の自己教育の権利を充たすものであり、地方公共団体は、住民に対して、その権利を等しく保証すべきであるといっているそうです。

そのためには、図書館はひとつの建物ではなくシステムでなければならない、このようなシステムをもった全域サービスのネットが全市域をおおうとき、初めてその公共図書館は真に「市民の図書館」になると図書館の意義と機能を述べ、「開かれた図書館」の具体像を示し、これに基づき〝さまざまな規模の図書館が年次計画に従って、早急に建設されなければならない〟と要望しているというのです。ここに描かれた図書館像は、その後生まれた図書館づくり運動の目標となり、その理念は運動のよりどころとなったということです。

しかし、ここに表明された精神は、翌一九七三（昭和四八）年に発表された「横浜市総合計画一九八五」の中には、生かされずに終わり、図書館づくり運動は茨の道を歩むことになります。

「横浜市図書館行政の施策と展望」の作成時には「戸塚に図書館を作る会」が唯一の運動団体でしたが、その後、市内各地域で次々に生まれた図書館づくり運動は、全市的立場で協力して行政に働きかける必要を感じつつ、図書館の理念を高く掲げて活動していく様子が記録されていて感動しました。

「Ⅲ　それぞれの場から」の中で、鈴木陽子さんが書いておられるように、「私たちの運動の歴史を眺める時、指導的立場にある人の認識不足からくる誤解や偏見が、図書館や文庫への理解をどんなに阻んでいるか」、「学識経験者と呼ばれる人たちほど、主婦の図書館運動は、よい本を読ませたい読書運動と思いこみ、市民として必要な権利の要求とは理解し得ない」というところなど、今でも私たちが切実に感じているところです。

同じ時期に読んだ『読書三到』（松籟社、著者の紀田順一郎氏は横浜市出身）にも「『真理がわれらを自由にする』／『いつでも、どこでも、だれにでも』／この二つのスローガンこそ、戦後半世紀の図書館を引っ張ってきた理念である」とあり、「図書館に関する各種の問題を考えるたびに、いつも忘れられているように思うのは、現代図書館の基本理念である」とありました。

「アメリカが図書館の先進国である理由は、けっして物量的な豊かさだけにあるのではなく、民主主義の原点として知る自由があり、それを保証するのが図書館であるということを明確に把握しているから」であるのに対して、この国のいわゆる知識人（書斎派）の多くは「図書館を社会的視野のもとに考えることができず、図書館を個人的な好き嫌いの問題として、『蔵書数が少なくて頼りにならない』『不親切』『本は自分で買うべき』といった不毛の議論に終始してきた。そこには市民の立場から、図書館存在を常に他者としてとらえる感覚しかなく、よりよい図書館を希求する姿勢が欠如している」とあります。また、図書館の運営にも問題があり、「情報・大衆社会の成立、価値観の多様化といった激しい社会的な状況の変化に対応しきれず、戦後社会の知的状況を先取りしたような意欲も薄れ、（中略）守りの姿勢に入っている」と述べ、市場原理に振り回された議論では図書館は成長をやめるほかはないと鋭く指摘しています。

さらに「図書館行政がまず実現すべきことは、未設置町村の解消、司書制度の確立（なんと東京二三区には司書職制度がない）、国庫補助の大幅増、図書館振興法の制定、安定的な財源確保の五点」という明確な指摘にうなずきました。

（「身」会報五二号、二〇〇七年三月一九日）

福岡の図書館は変われるか

『図書館建築22選』
図書館計画施設研究所〈編著〉
東海大学出版会

福岡市内七つの市民センター図書室が、四月から福岡市総合図書館（六月末開館）分館としてスタートしました。職員が増え、図書の貸出冊数が一人三冊から一〇冊に増えました。本棚が増え、蔵書も増え、これを機会に市民サービスが向上するのではないかと期待しています。

福岡県苅田《かんだ》町立図書館を見学したことがあります。人口約三万五千人の町ですが、一本館、三分館、一移動図書館があります。町内のどこに住んでいても「歩いて一〇分」の場所での図書館サービスが受けられます。それに比べ、人口約一二八万人の福岡市。一区が近隣の一市に相当する人口を抱えます。ですから、各区の分館を本館と並ぶくらいの地区館に格上げし、それぞれの地区館が移動図書館を走らせるのでなければ、図書館サービスは行き渡らないことになります。

『図書館建築22選』のなかに、苅田町立図書館の目指すものが五つ挙げてあり、その一つにこうあります。「目的の本は一冊でも、私達の時代の知識総体の中でその本の位置づけが感じられる配架。図書・情報への視野が耕される場にしたい」と。福岡市の図書館も、そういう図書館であってほしいものです。

（「西日本新聞」一九九六年六月二三日）

図書館は生活のそばに

『新版　これからの図書館』
菅原峻〈著〉晶文社

今、図書館が変わってきています。以前はシーンと静まり返った所で本を読むというイメージがありました。今は子どもの声、靴音などの生活音を受け入れる図書館が多くなっています。それに図書館は学ぶだけでなく、集い、憩う場になってきています。子ども室があるだけでなく、ティーンズコーナーを設けて若者がおしゃべりしたり、伝言板を置いている図書館もあります。高齢者が憩ったり、囲碁を打ったりできるところもあります。ピアノを常設していて、時には音楽会を開く図書館もあります。赤ちゃんから高齢者まで、だれでも利用できるのが図書館です。

菅原峻氏は著書『これからの図書館』のなかで、図書館は教育施設というより「住民の生活施設だ」と書いています。図書館には選択された本があり、新聞、雑誌、CD、テープがあります。「私たちはそれらを、楽しみのために、暮らしの知恵を得るために、そして子どもの成長に欠かせないものとして利用する。日常の仕事や、職業上必要な情報も図書館で手にし、技術や知識を習得する助けも、図書館の資料のなかから得ることができる」。

しかしそのためには、身近に、つまり歩いて一五分ぐらいの所に図書館がなければならないでしょう。ポストの数ほど。これから高齢社会を迎えますが、高齢者も気がねなく利用できる図書館がそれぞれの地域にほしいものです。本を読んだり、CDを聞いたり、心豊かな老後を送るためにも、図書館は不可欠な生活施設なのです。

(「東奥日報」一九九七年一一月一九日)

住民の声聞き図書館検証を

『市民の図書館　増補版』日本図書館協会

二〇〇六（平成一八）年六月二〇日の「西日本新聞」に、福岡市総合図書館一〇年の課題として、登録者三倍増の裏で予算は大幅減少、国が定めた「文字・活字文化振興法」に逆行するのではないかとありました。

利用する市民として図書館を見つめてきた一〇年の活動記録を『お～い図書館！』という本にまとめました。福岡市では、未だに図書館が「全市民に奉仕する」義務を果たしていません。『市民の図書館』にこうあります。

「市立図書館は、市民の税によって設置運営されている。当然全市民に奉仕しなければならない。全市民への奉仕というのは単なるかけ声ではなく、またタテマエだけのものではない。文字通り全市民に対して奉仕すべき義務を図書館は負っており、市民一人一人は図書館に資料の提供を要求する権利を持っている」。

資料の提供というのは決して無料の貸本屋という意味ではないし、図書館は市や町の飾りものではありません。人口が多く、市域が広い政令指定都市で市民への全域サービスはむずかしいと思います。しかし、市民の声も聞いて開館一〇年の検証をし、次の一〇年のサービスビジョンを示してほしいと思います。

（「西日本新聞」二〇〇六年七月八日）

図書館は建物でなく、一つの有機体である

『市民の図書館　増補版』日本図書館協会

東京都府中市に住む友人から便りがあり、その中に次のような文面がありました。「こちらは市のなかに何ヵ所か文化センターがあり、市役所の出張所、高齢者のための入浴施設、集会所、学童保育の施設とともに図書館があります。子どもの本は充実しています。CDの貸し出しもあります。私は時々、月刊誌を読みに行きます。日曜日も開いています（祝日は残念ながら休み）ので、暇をもてあまして遊びに行くこともあります」。

資料を見ると、府中市は人口約二二万人（一九九四年度末）、図書館数一一。一館当た

りの人口が約一万九千人。私の住む博多区は人口約一七万人。図書館が一館（蔵書約五万冊、広さ五〇〇平方メートル）と図書施設（博多駅土地区画整理記念会館図書室）が一つ。図書館は家から歩いて三〇分かかります。せめて一五分の所に図書館がほしいと思います。府中市並みにするなら、区内に八館は必要ということになります。

さて、福岡市が博多区南部の公共サービス施設として、南本町二丁目に整備する「雑《ざっ》餉《しょの》隈《くま》地域交流センター（仮称）」が一九九八年一月一九日に着工されました（「西日本新聞」一九九八年一月一三日）。一九九九年冬のオープンを目指すとのこと。住宅・都市整備公団が建設する賃貸住宅の地下一階（駐車場）と、地上一、二階を市が買い取り、同センターを開設。一階に体育室、会議室、高齢者のデイサービスセンター、住民票の請求などができる行政連絡所を置き、二階に多目的ホール（二八〇人収容）と図書館を配置するということです。図書館は蔵書五万冊で広さは五六〇平方メートルとのことですから、各区の市民センター内の図書館と同規模で、友人の文面にある府中市の文化センターに似ています。

昨年（一九九七年）一月、私たち「身近に図書館がほしい福岡市民の会」では、この図書施設が各市民センター内の図書館（分館）と同様に福岡市総合図書館の分館と位置付けてほしいこと、司書専門職員の適正配置をしてほしいことなどを盛りこんだ要望書を市長、教育長（写しを市民局地域振興課）に提出しました。その後、この図書施設は総合図書館の分館と位置付けられることに決まりました。

福岡市は地域交流センターの建設を、東区和白《わじろ》、西区今宿《いまじゅく》・周船寺《すせんじ》、早良区《さわら》野芥《のけ》でも計画しています（「西日本新聞」一九九八年一月一三日）。それらの中に図書館が整備されていくことを願っています。

『市民の図書館』にこうあります。

「市立図書館が、全市民にそのサービスをひろげるためには、単に一つの建物でなく、本館、分館、移動図書館からなる一つの組織でなければならない。全市に張りめぐらされたサービス施設のどこででも、市民の要求を受けとめ、そこで解決しないときは本館に要求を伝える。本館では組織全体の施設の中から求める図書をさがしだし、それを利用者に提供する。このように図書館全体の資料があらゆるサービス施設の間を流れ、あらゆる資料がすべてのサービス地点で使われる組織を作りあげたとき、はじめて図書館が市民全体のものになったということができる」。

（読書情報交換誌「どかんしょ」一七号、一九九八年五月）

#『まちの図書館でしらべる』におどろき

『まちの図書館でしらべる』
まちの図書館でしらべる編集委員会〈編〉
柏書房

この本は『まちの図書館でしらべる』編集委員会一〇人の図書館員が分担して執筆しています。図書館には無料で本を貸してくれる機能と何か調べたいときに相談できる機能があるといわれますが、本書は〝図書館でしらべる〟という視点から書かれています。

第一章は「図書館で謎を解く」というテーマでレファレンスの事例を一五あげています。例えば、「ミナミのサンショ」という本はあるのかという問い合わせに、いろいろ調べて探していった結果、『メナムの残照』(トムヤンティ著、角川書店)という本であることが分かります。質問者にその本を手渡すまでの経緯を記し、調査した資料を併記しています。また、「アメリカはホントに五〇州か」という疑問に答えていく過程が面白く、え、そんなことも調べてくれるの？ と感心してしまいます。「昔の作文は見つかるのか」は、関東大震災の体験を綴った、七〇年も昔の子どもの時に書いた作文を探してもらえるかという問い合わせ。一九二四年に編集された『東京市立小学校児童震災記念文集・尋常五年の巻』が見つかり、その中に自分の作文を見つけた人は、それはそれは喜んだそうです。「歌い出しから歌を探す」というのもあります。NHKのラジオドラマ「鐘の鳴る丘」で歌われていた主題歌で「みどりのおかの」で始まる歌の歌詞と楽譜を探すというもの。「ツタンカーメンのエジプトマメ」を探す過程は波乱に満ち、さまざまな資料にあたりながら謎を解いていく面白さに時間を忘れて読みふけってしまいました。

まちの図書館とは?

まちの図書館とは区市町村立の公共図書館のことで、そのまちに暮らす人たちのニーズを直接的に把握し、それに答えていく一番身近な図書館(無料、近い、敷居が高くない)であり、税金で運営されているのですから、私たち市民は株主の一人、その資料とサービスを自由に使うことができるというのです。

そして、昨今の図書館のイメージについては次のように書いています。しんと静まりかえっているという古典的イメージに対して、人々の活気が空気中に充満しているような親しみやすい静けさで、妙な緊張感はない。学生が勉強する場所という昔のイメージに対しても、今では「持ち込みの受験勉強より図書館の資料をしらべる・読むための利用者を重視したいと考えている」という点が違ってきています。図書館利用者といえば女性と子どもたちと思われがちですが、最近は土・日の開館はもちろん、平日の開館時間の延長により勤め帰りに寄れる図書館も増えています。

書店派？　図書館派？

書店では新刊本やベストセラーがすぐ手に入るし、買えばいつでも読め、所有した本は書き込みができるという利点があります。これに対して図書館では、古い本や雑誌のバックナンバーも手に入るし、書店よりタイトル数が多い。図書館員が調べものの相談に乗ってくれますし、経済的です。図書館の強みは保存機能があることであり、利用者用コンピュータを初め各種の目録類もそろっているし、相談できる図書館員が常にスタンバイしていて、いつでも情報へアクセスできます。レファレンス・サービスこそは書店とは異なる、図書館が図書館たり得る基本的で重要な機能であると胸を張ります。

まちの図書館にはどんな質問をもっていってもＯＫであり、毎日の健康な生活にホームドクターが必要なように、健康な知性と情報取得の環境を整えるために使えるホームライブラリーが、まちの図書館というわけです。そして、まちの図書館を利用して〝情報探索の達人〟になろうと励まします。

レファレンス・サービスとは

レファレンスとは〝資料・情報を求める利用者に対して提供される文献の紹介・提供などの援助〟(『広辞苑』)とあります。が、例えば「先週の新聞はどこですか?」「宝くじの当選発表があるはずなんだけど」と図書館員と一緒に新聞をめくって情報を探し出し、ではメモしようとか、コピーしていこうというのもレファレンスなのだといいます。また、「〇〇という本はここの図書館にありますか?」と尋ね、「当館では所蔵しておりませんが、都立図書館にならあるようです。お取り寄せしましょうか。それとも直接都立図書館へいらっしゃるのでしたら、場所をご説明します」という案内を受けることもレファレンスなのだといいます。そして、図書館は組織として、資料の収集・データの入力・書誌や索引の作成・受け付けた質問に対する回答事例の蓄積や分析・利用者が調べやすく質問しやすい環境づくりなど、レファレンスに対してさまざまな準備をしているというのです。

図書館は職員個人の能力のみで仕事をしているわけではなく、〇〇立図書館という組織として質問にこたえている。だから、対応した図書館員が分からなかったとしても、あきらめずに「しらべてもらえませんか」と食い下がってみようという提案は、心強いではありませんか。

図書館はつながっている

利用者からの疑問・質問に対して適切な資料がその図書館にない場合はどうするのでしょうか。その場合は、市内の中央図書館など、より豊富な資料を持っている図書館や、関連する情報を持っていそうなところに問い合わせる方法があるといいます。区市町村立図書館になければ都道府県立図書館に、そこになければ国立国会図書館にというように、公共図書館のネットワークが構成されていて、このネットワークの周りには大学図書館や専門図書館が存在し、図書館は多方面にリンクしているそうです。

図書館相互に資料の貸し借りができる体制（相互貸借制度）が整っていることは知っていましたが、まちの図書館では手に負えないレファレンスを図書館相互に協力して解決する体制（協力レファレンス）が組まれていることは初めて知りました。さらに、インターネットという情報通信基盤の整備により、海外の情報も入手できるようになったといいます。図書館員はある特定の事柄に精通した専門家ではなく、特定の事柄に関する資料を見つけ出す専門家。図書館にある情報を提示して利用者の疑問や質問にこたえているというのです。ウーン、図書館員ってすごい。

図書館は進化する

第五章では海外の素敵なまちの図書館や、日本の魅力的なまちの図書館をいくつか紹介しています。日本の公共図書館の現状にもふれ、図書館数が人口比でアメリカ合衆国の三分の一、ノルウェーの一二分の一、図書館がない市が三％近くあり、半数以上の町と八割以上の村に図書館がないと指摘。

図書館員は利用者の質問で鍛えられ育てられる。資料知識だけでなく運営についても同様で、市民の積極的な利用が図書館を変え、育てるのだから、どんなことでも職員に声をかけてほしいという言葉や、まちに図書館がなかったら、その声を行政にぶつけてほしいという記述に勇気づけられます。図書館は時代の求めるものを敏感に反映しながら進化していくべきで、今ある図書館を最大限に活用しつつ、これからの図書館を市民の手で育ててほしいと本書は提案します。

情報化社会と図書館

巻末に常世田《とこよだ》良《りょう》氏の文が掲載されています。日本の社会が「ヨコ並び」型社会から「自己判断自己責任」型社会に変化していく今、間違いのない判断を行うために、迅速で正確な情報の収集と情報アクセスの公平性が重要になるはずで、情報インフラとしての図書館の潜在的な力は大きいと常世田氏は訴えます。

また、欧米社会における図書館の重要性に対する認識が高まっている事実を指摘しています。図書館は本来、地方自治体の責任において設置、運営されるべきものであり、地方分権的傾向の強い欧米においてすら、国家レベルの図書館政策が存在するということは、税収の増減などの条件により翻弄される地方自治体の図書館運営だけでは、情報インフラの確保は困難であることを示しています。つまり、日本においても国、都道府県レベルの具体的な図書館政策が必要であると述べているのです。そしてこの後に、欧州議会での図書館の位置付けを示す「現代社会における図書館の役割に関する決議」(欧州議会一九九八年一〇月二三日議事録)が掲載されています。

二〇〇一年一二月、国会で「子どもの読書活動の推進に関する法律」が可決成立しました。子どもの読書推進にかかわってきた者としては、読書活動推進法より、子どもが身近に使える図書館(公共図書館・学校図書館)の整備を望むものです。地方自治体が図書館を整備・運営しやすいように、国や都道府県レベルの図書館政策や資金援助が必要ではないかと、氏の文を読みながら考えました。

(「としょかん」八三号、二〇〇二年三月一五日)

学校図書館の〝失われた五〇年〟

「大人の読書指導」
（『林達夫著作集6』所収）平凡社
『なつかしい本の記憶』
岩波書店編集部〈編〉岩波少年文庫

「大人の読書指導」という小論が『林達夫著作集6』の中にあるというので、読んでみました。

読書指導（リーディング・ガイダンス）は、戦後の最も注目すべき新しい分野で、（中略）これからの日本を背負って立つに堪える新しい世代の形成の成否は主としてこれにかかっているほどである。それなのに、そこには先覚的な善意の教師たちが、子供のための良き書物の不足をかこちつつ書棚にちらほらまばらにしか本のない名だけの図書館に子供を集めて、徒らに孤軍奮闘している悲壮なすがたが見られるだけだ。

それでよいのだろうか――。

この文の初出は一九五〇（昭和二五）年一〇月一日の「朝日新聞」とありました。この時代に「何をさしおいても、子供の読書指導から始めなければならぬ」（同小論）と説いた人がいたのです。

同じ年の一二月に「岩波少年文庫」が創刊されています。『宝島』『あしながおじさん』『クリスマス・キャロル』『小さい牛追い』『ふたりのロッテ』が美しい五冊の本として配本されたといいます。斎藤惇夫さん（『冒険者たち』の作者）が一九九九（平成一一）年に行った講演「岩波少年文庫とわたし」が『なつかしい本の記憶』（岩波少年文庫別冊）に収録されていますが、そこに、「岩波少年文庫」が創刊された頃のことが記されています。創刊したのは石井桃子氏で、氏自身が読んで楽しめる本、「喜びの訪れ」と感じられる本のリスト作りに熱中し一冊一冊編集を始めていったというのです。

この講演の中で斎藤さんは「一九五〇年、私が一〇歳の時に『岩波少年文庫』の刊行が始まります」、「本を読みながら、本の中で自分が生きていることを後押ししてくれる、励ましてくれる、そういうものにいっぱい出会っていくという経験を『ふたりのロッテ』からしていくことになります」、「子どもの頃、一〇歳から一三歳までのあいだに出会った『岩波少年文庫』というのは、そこをスタート地点として、そこから始まっていく自分の人生というのを確かに私に見せてくれたような感じがするのです」と述べています。どのようなきっかけで斎藤さんは「岩波少年文庫」に出会うことになったのでしょうか。私は斎藤さんより九歳年下ですが、「岩波少年文庫」を全く知らずに子ども時代を過ごしました。私のまわりに「岩波少年文庫」を読んでいる子どももいませんでした。

一九五三（昭和二八）年に学校図書館法が制定され、学校図書館が設置されていったはずです。その時、学校図書館には司書教諭を配置することを定めていたのですが、その附則に、「当分の間、司書教諭を置かないことができる」とあったため、今日まで、ごく一部を除いて学校図書館に司書教諭は配置されてこなかったのです。その後、運営の中心となる司書教諭がいないという状況が五〇年間も続いてきました。私は一九五五（昭和三〇）年に小学校に入学しています。子どもにとって一番身近な学校図書館にそれらがそろっていて、それを薦めてくれる先生や司書がいたなら、子ども時代に「岩波少年文庫」に出会えたであろうにと残念でなりません。

今、私は小学校の図書の時間に本の読み聞かせに行ったり、図書館や公民館で読み聞かせをしたりして子どもの読書指導にかかわっています。ある小学校の図書館を見せてもらいましたが、読書を楽しむ雰囲気に乏しく、古い本が並んでいるだけで本棚が生きていません。驚いたのは、日本の児童文学はわりに揃っているのですが、外国の児童文学がほとんどないことです。「岩波少年文庫」もないし、「岩波少年文庫」に入っているような児童文学の本も見当たらないのです。これでは、私が小学生だった四〇年ぐらい前とたいして変わらないではありませんか。学校図書館は設置しても、そこに司書教諭や司書を配置してこなかったためではないでしょうか。

学校図書館については、子どもたちにとって学習・情報センターとして学習を支える役目はもちろんですが、読書センターとして、子どもたちにとって「喜びの訪れ」と感じられるような本を（日本のも外国のも）揃えてほしいと思います。そして、子どもたちが、「自分が生きていることを後押ししてくれる、励ましてくれる」そういうものにいっぱい出会って成長していけるような図書館運営をしてほしいと望みます。

（「身」会報三三号、二〇〇二年六月二四日）

魯迅の言葉に導かれ

「故郷」（『阿Q正伝・狂人日記』所収）
魯迅〈作〉竹内好〈訳〉岩波文庫

誰もが、どこに住んでいても利用できる図書館を求めて活動してきた私たちの会が、昨年（二〇〇五年）、発足一〇年を迎えました。これまで発行した会報から抜粋して一冊の本『お〜い図書館！』（石風社）にまとめ、この（二〇〇六年）六月に出版しました。会の歩みをたどりながら、活動の流れが目に見えるようにまとめることに悪戦苦闘しました。

どのようにしてよいのか分からないところは出版社の編集者に助けてもらい、なんとかまとめることができましたが、一度、にっちもさっちもいかなくなったことがありました。その時、ふっと浮かんできた言葉があります。「希望とは、もともとあるものだともいえぬし、ないものだともいえない。それは地上の道のようなものである。もともと地上には、道はない。歩く人が多くなれば、それが道になるのだ」。魯迅の小説「故郷」の最後の文でした。

三〇数年前の全共闘運動の盛んな時代、迷いの多い学生の日々に読んだ魯迅の作品が目の前を照らしてくれ、窮地を脱することができました。私にとって、今年出版した本は長い間、引きずってきた課題を一つ、形にしたものでもあるのです。

（「西日本新聞」二〇〇六年九月七日）

記録することの意味

『子どもと本と私』柴田幸子〈著〉海鳥社

二七年前、初めて「紅皿」（「西日本新聞」投稿欄）に掲載された原稿が「枯れ葉」でした。育児に追われ体調も悪く鬱屈した日々の悩みを書いたもの。投稿は家庭に閉じこもらざるを得ない私にとって、社会への窓だったのだと思います。

わが子たちに本の読み聞かせをしているうちに、読書は子どもの心を育てるという確信を得て、子どもの読書について「こだま」（「西日本新聞」投稿欄）などに投稿しました。掲載された投稿文を八年前、一冊の本『子どもと本と私』にまとめたのは懐かしい思い出です。親子読書から家庭文庫、公民館での親子読書活動、図書館や小学校での読み聞かせへと広がっていった自分の活動の軌跡をたどるものになりました。

昔、西日本新聞社でＰＴＡ新聞づくり講習を受けた時、「どんなに素晴らしい活動をしても記録を残さないなら、活動が存在したことにはならない。地域の記録者たれ」と励まされたことを覚えています。読書活動と並行してやってきた図書館づくり運動の歩みの続編をまとめたいと思っています。

（「西日本新聞」二〇〇七年一〇月二二日）

『地域に図書館はありますか？』
身近に図書館がほしい福岡市民の会〈編〉
石風社

地域と図書館、考え続けた年

二〇〇七（平成一九）年五月、父の入院の知らせを受け、一二年ぶりに仙台市の実家を訪れました。すっかり年老いた父母の姿を目にし、これからは度々、父母のそばで過ごす時間をもとうと思い、一〇月に再訪しました。せっかく訪れた仙台なので市民図書館を見学しました。

五月には少し足を延ばして塩釜市民図書館を訪ねました。本塩釜《ほんしおがま》駅から近く居心地のよい図書館でした。平日の午後でしたが、高齢者の方たちがゆったりと新聞や雑誌を読んでいました。一〇月には、仙石線《せんせき》の終点、石巻市《いしのまき》まで行き図書館を見学しました。駅から坂道を登ってだいぶ歩きましたが、懐かしい感じのする図書館でした。図書館の案内パンフレットに「遠くて図書館までこられない人は」と、きちんと分館（六つ）の案内をしていることに感心しました。

北海道に住む孫に会いに行きがてら、恵庭市《えにわ》に立ち寄り市立図書館を訪ねました。ここは、市長さんが「読書コミュニティーの充実」を公約に掲げて当選し、図書行政に力を入れています。市長さんは市立図書館長の経験を持ち、館長時代にはブックスタート事業に取組み、市議会議員時代には学校司書の導入に力を注ぐなど、一貫して、子どもの読書環境充実の施策を推進しています。

九月末に開館したばかりの福岡県宇美町立図書館も加えると、今年は五つの図書館を見学しました。見学しながら、「地域に図書館があるということ」はどういうことなのかを考え続けた一年でした。このテーマで今、『地域に図書館はありますか？』という本にまとめる作業をすすめています。

（「西日本新聞」二〇〇七年一二月三〇日）

chapter

2

子どもたちの未来のために、図書館のことをもっと大切に考えたい。

法律整備より図書館整備を

二〇〇一（平成一三）年一二月五日、国会で「子どもの読書活動の推進に関する法律」が可決成立し、同月一二日、公布、施行されました。これを受けて、国は二〇〇二年度中に基本計画を策定する方針で、都道府県や市町村は、これに基づく推進計画づくりに務めなければならないとなっています。

子どもの読書環境を整えようという考えには賛成です。しかし、国や自治体が読書活動推進のために基本計画や推進法をつくるよりも、子どもが身近に使える図書館の整備をもっとダイレクトに援助、補助してほしいと思います。その上で、児童・青少年サービスを徹底してやってほしいものです。それが子どもの読書推進の要だと思います。附帯決議の中で学校図書館、公共図書館の整備充実をうたってはいますが、図書館や公民館や小学校で読み聞かせを続け子どもの読書推進にかかわってきた者としては、図書館の整備をこそ望むものです。

学校図書館は、二〇〇三年三月末までに一二学級以上の学校に司書教諭が配置されることになっていますが、一二学級以上だけでなく、すべての学校図書館に配置してほしいと思います。また、学級担任や教科担当の兼任の司書教諭ではなく、専任の司書教諭がいてほしいです。そしてさらに、登校時から放課後まで、ちゃんと図書館が開いていて、利用者にサービスできる司書職員を配置してほしいと願います。

（「身」会報三一号、二〇〇二年三月一八日）

子ども読書推進計画を私たちのものに

二〇〇三年一一月一三日、福岡県立図書館において「本のよろこびを子どもたちへ」をテーマにフォーラムを開催しました。

「子どもの読書活動の推進に関する法律」が二〇〇一（平成一三）年一二月、国会において制定されました。これを受けて国は二〇〇二年八月「子どもの読書活動の推進に関する基本的な計画」を策定、これに基づき、各都道府県レベルの計画の策定が進んでいます。福岡県でも策定中で、一〇月一六日から二九日までパブリックコメント（一般の人からの意見募集）の受け付けがありました。多くの方に意見を寄せてもらいたいと声をかけたところ、「推進計画」を知らない人が多いことが分かりました。

福岡県内では県の策定を受けてさらに市町村が策定することになっているようです。そこで、市町村の策定の動きに先駆けて、子どもの読書にかかわる人たちが集まり、子ども読書推進の環境作りをどう進めていくのかを考えてみようと、フォーラムを計画したというわけです。これまで五回、図書館に関するフォーラムを開催しているフォーラム「住民と図書館」（福岡県内各地で図書館づくり運動をしているグループや個人のネットワーク）メンバーが中心になり、県内の子どもの読書にかかわる諸団体に声をかけ、「みんなで語ろう子ども読書推進計画」実行委員会を発足させ、フォーラム開催にこぎつけました。

広瀬恒子さん（親子読書・地域文庫全国連絡会代表）が「本のよろこびを子どもたちへ」のテーマで基調講演。一九六〇年代から今までの読書運動の歴史を大まかにたどった上で、今、子どもの読書をめぐる状況はどうなっているのか、国、各地の自治体を含めての行政の動き、出版業界、学校図書館、公共図書館、各地の読書ボランティアの状況を話してくださいました。子どもが自信をもてないという状況がありますが、やらせた上で、みとめ、「それでいいんだよ」と励ましていく親のありようや、家庭の文化的センスが大事です、子どもはいつの時代でもお話が好きですし、家庭で絵本や詩をともに楽しむ土壌が必要ではないでしょうかと述べました。

子どもの読書にかかわるボランティアについては、主に学校図書ボランティアを例にあげ、山形県鶴岡市立朝暘《ちょうよう》第一小学校を紹介してくれました。司書教諭、図書主任、学校司書が連携して、みんなで根幹について話し合い、良い循環をしているところにボランティアが入っているというのです。このように、司書教諭や学校司書など学校とボランティアをつなぐ人がいて、読書活動のなかにきちんと位置付けられていると、ボランティアの活動が生きてくるのであって、行政にとって安上がりにするための人員動員としてボランティアが活用されるのは、本来のボランティアのあり方ではないと指摘しました。

小郡市立小郡小学校司書の野中紀子さんは「学校図書館のめざすもの」と題して、市立図書館と小中学校図書館をネットワークで結んで、図書館教育や読書活動をしている様子を報告しました。学校図書館に専任の司書が配置されると、このようなことができるのかと感じさせる内容でした。しかし、報告後の質疑応答で、雇用条件以上のボランティア行為で仕事を支えていることや五年間で仕事をやめなければならない問題など、学校司書の厳しい現実が浮かび上がりました。

春日市民図書館司書、諸江朋子さんは「春日市ファーストブック事業」について報告しました。保健所での四ヵ月児健診の時に図書館司書が出向き、「赤ちゃん絵本とわらべうたの紹介」をし、「赤ちゃんの図書カードの作製と絵本の貸出し」を実施している様子を発表しました。

県立図書館の河井律子さんは「『子ども読書推進計画』福岡県の今」と題して、推進計画の策定状況をパブリックコメントの受け付け状況を交えて報告しました。参加者は一六〇名ほど。なお、記録集「本のよろこびを子どもたちへ」を作成中です。


（「身」会報三九号、二〇〇三年一二月二二日）

福岡市「子ども読書活動推進計画」策定委員会に出席

「福岡市子ども読書活動推進計画」の策定委員会は五回開催の予定で、三回目を終えたところです。すべて公開で、傍聴もできます。策定委員の意見を聞きながらワーキングメンバーが推進計画を策定していきます。

二回目の委員会では「推進計画骨子案」に対して意見を述べることになっていました。私は読書ボランティアとして委員になっています。

ブックスタート事業について、各区の保健所で行われている四ヵ月児健診のときに、本来ならブックスタートの趣旨を説明しながら絵本を手渡すのは図書館員のはずなのに、各区の図書館分館おはなし会のボランティアがやっています。この事業を永続的なものにするためには図書館員の派遣とそのための予算を計上してほしいと意見を出しました。

学校図書館の「学校司書配置の充実」について、福岡市立の小・中学校は二〇〇校を越えますが、五年間ですべてといかなければ一〇年かけてでも学校司書を配置して下さいと述べました。二〇〇四（平成一六）年度から、一五名の学校司書が二校ずつ担当することで合計三〇校に配置されていますが、一定期間（二～三年間）毎に学校司書の配置校を移すことにより、学校図書館の整備や学校図書館ボランティアの育成の効果を全校に広げていくと教育委員会は説明しています（203頁参照）。しかし、学校司書をたらい回しにして配置校を移すのではなく、司書の全校配置をめざしてほしいのです。

「全学校に学校図書館ボランティアの設立」という案については、ボランティアに丸投げにならないように、学校側がきちんとした教育方針をもとに、核になる司書教諭とか学校司書がいて学校の読書活動の中にボランティアが位置付けられることが必要で、人件費を節約するためにボランティアを活用することには反対しますと述べました。

「福岡市子ども読書活動推進計画」の三回目の策定委員会では「推進計画素案」に対して

意見を述べることになっていました。

司書教諭、学校司書、読書ボランティアなど学校図書館現場にかかわっている委員からは、具体的な施策を数値目標も入れて計画に盛り込んでほしいこと、財政措置を講じることのできる行政の力に期待していることが異口同音に述べられました。アンケート調査結果から現状分析はされていますが、だからどうするのかが見えてこないこと、市民への啓発にとどまっていることが多いという意見も出されました。

これに対して、行政側の委員からは、計画には具体的な数値や踏みこんだ内容は書かないほうがよいこと、計画から具体的な施策が出てくるわけで、どこまで書くかは慎重にしてほしい、まずは市民や保護者への啓発が必要であるという意見が出され、現場にかかわっている者の意見と行政側の考えがくっきりと分かれました。


（「身」会報四二号、二〇〇四年一〇月二八日）

仙台市に学ぶ子ども読書活動推進計画

「福岡市子ども読書活動推進計画」策定委員として各地の「子ども読書活動推進計画」に目を通しました。その中で、仙台市（人口一〇〇万人前後）のものが、福岡市と同じ政令指定都市ということで参考になると思い、原案でしたが、比べてみました。

まず、アンケートのとり方ですが、仙台市では小学五年生、中学二年生、その児童生徒の保護者に限定し、市立校全校を調査対象にしています。福岡市の場合、小学二年生、五年生、中学二年生、高校二年生、それぞれの保護者、それに、就学前児（一歳半児・三歳児）の保護者と多岐にわたりますが、各学年とも各区（七区）一クラスを調査対象としたため、無作為とはいえサンプルの抽出の仕方が問題になると思いました。

仙台市の場合、対象を絞り、対象者全員を調査し、調査結果から浮かび上がってきた問題点を把握し、それに対処しようという姿勢が感じられます。例えば、「子ども読書アンケート」の結果によると、学校図書館を利用する際に困ることとして「読みたい本がない」が約四割と高い割合で上げられていることから、「今後、図書資料を揃える際には、司書教諭や学校図書事務員の図書に関する豊富な情報を生かすとともに、学校図書館の前にリクエストボックスを設置したり、子どもと実際に書店に行って購入したりするなど、子どもの希望をできるだけ取り入れ、子どもが読みたくなるような本を揃えることに最大限配慮する」と計画に述べています。

仙台市のほうは「学校図書館運営等の現状に関する調査」（平成一五年度）もしており、そこから浮かび上がってきたことに対処しようとしています。例えば、学校図書館を何に利用しているかの設問に対して、中学校の教員は「授業」での活用が最も多く、次いで「教材研究」となっていることから、「教師が教材研究等のために図書を利用できるような環境づくりも必要と考える」としています。

仙台市の計画の特徴は学校図書館に力を入れた計画案といえます。「学校図書館を司書教諭と協力しながら効果的に運用できるように、学校図書事務員を全市立学校に配置しており、平成一四年度からは、この学校図書事務員を二人体制にし、週五日勤務とした」と計画原案にありますから、司書教諭と連携して学校図書館の運営をする人がいるということで、この差は大きいと思います。福岡市では、小中校合わせて三〇校にしか学校司書がおらず、しかも司書一人が二校をかけ持ちです。

仙台市の計画では、学校図書館を「読書センター」としてだけでなく「学習情報センター」として、きちんと位置付けています。司書教諭の研修、学校図書事務員の研修だけでなく、学校長のリーダーシップのもと全教職員が読書の意義や重要性について理解を深めるための研修機会の充実（校内体制の整備）をうたっています。学校図書館と市立図書館との連携の推進にもふれています。重点施策として次のような数値目標を設定しています。

◎一ヵ月間に全く本を読まない児童生徒の割合の目標

	平成19年	平成22年
小学校	7・5％	7％
中学校	20％	18％

◎「読書の時間」に週一回以上取り組む学級の割合の目標

	平成19年	平成22年
小学校	85％	90％
中学校	80％	85％

◎「朝読書」に週一回以上取り組む学級の割合の目標

	平成19年	平成22年
小学校	75％	85％
中学校	70％	80％

◎市立小中学校の学校図書館の一人あたりの年間平均貸出冊数の目標

	平成19年	平成22年
小学校	28冊	32冊
中学校	7冊	9冊

◎市立図書館児童書蔵書、一五歳以下一人あたり平均蔵書冊数の目標
平成19年　平成22年
4・5冊　5冊

◎市立図書館児童書、一五歳以下一人あたりの年間平均貸出冊数の目標
平成19年　平成22年
9冊　10・5冊

さて、福岡市の計画では、なんの数値目標もないまま「学校図書館相互の図書資源のネットワーク化」が新しく盛りこまれました。市立の幼・小・中・高・養護学校の図書をコンピュータによってデータベース化し、学校図書館相互の図書資源の共有化（ネットワーク化）を図るとしています。人の配置のないまま、学校図書のネットワーク化をうたっています。データベース化を誰がするのでしょうか。

（「身」会報四二号、二〇〇四年一〇月二八日）

学力低下、まずは学校図書館の整備を

日本の子どもの学力低下傾向が、経済協力開発機構（ＯＥＣＤ）の学習到達度調査（二〇〇三年）の結果で明らかになりました。原因として、槍玉に挙がっているのが「ゆとり教育」です。中山文部科学大臣が「国語や算数（数学）にもっと力を注ぐべきではないか」と述べ、ゆとり教育の象徴でもある「総合的な学習の時間」の削減を示唆したといいます。本当にそうなのでしょうか。

二〇〇二（平成一四）年度から本格導入された新学習指導要領では「総合的な学習の時間」を初めとして「調べる学習」が取り入れられ、それまでの詰めこみ教育から、自ら学び、自ら考え、主体的に判断し、行動する力を育成する教育へと転換を図ったはずです。

二〇〇二年度、国は公立小中学校の図書購入費として、地方交付税に毎年一三〇億円を上乗せする学校図書整備五ヵ年計画にも着手しています。二〇〇三年度からは、一二学級以上の小学校、中学校、高等学校に司書教諭が配置され、学校図書館を学習・情報センターとして学校教育の中に位置付けようとしてきたのではないでしょうか。それに、問題になった「読解力」の低下の背景には子どもの読書離れがあると指摘されています。とすれば、読書センターとしての学校図書館整備も必要でしょう。

一一学級以下の小規模校も含め、現在、学級担任や教科担当との兼任である司書教諭を専任にすること、学校司書を配置することが急務です。登校時から放課後まできちんと学校図書館が開いていて、児童・生徒にとっては学習・情報センターとして、読書センターとして、教師にとっては教材・教育情報センターとしてサービスできる司書がいることが必要です。本格導入から、たった三年で「ゆとり教育」をご破算にするよりも、図書館を中心にすえた教育に予算と人を充実させてほしいものです。

その意味でも、「福岡市子ども読書活動推進計画」の策定委員として、中学校にも必要ですが、せめて市立の全小学校に学校司書を配置してほしいと意見を述べてきました。昨年（二〇〇四年）一二月二〇日から今年一月一九日までがパブリック・コメントの募集期間で、この間に寄せられた意見は、個人と団体あわせて九五件（項目数で三〇一件）でした。策定委員の意見にしても市民の意見にしても、推進計画にあまり反映されなかったのは残念です。策定委員として消化不良の感は否めません。

（「身」会報四四号、二〇〇五年三月二九日）

立ち止まる学校図書館　市議会を傍聴して

二〇〇五（平成一七）年三月二三日、福岡市議会特別委員会において、金出公子議員（民主・市民クラブ）が学校図書館について質問しました。金出議員は、この三月に策定が終わった「福岡市子ども読書活動推進計画」にもふれ、読書を推進するには学校図書館の充実（資料充実と学校司書配置）が必要ではないかと質問しています。答弁は教育長ですが、学校図書整備費については財政局、最後の答弁は山崎市長（当時）です。

◎「福岡市子ども読書活動推進計画」について

Q　子どもたちの読書離れの現状を背景として、読書についての国の施策に大きな動きが出ています。平成一三年一二月には「子どもの読書活動の推進に関する法律」が公布・施行され、「子どもがあらゆる機会とあらゆる場所において、本と親しみ、本を楽しむことができる環境づくりのため、学校図書館、公共図書館等の整備充実に努めること」と述べています。福岡市でも「福岡市子ども読書活動推進計画」のパブリックコメントを終え、ほぼ策定作業を終えているとのことですが、どのような推進計画をたてましたか。

A　子どもたちが読書の楽しさや素晴らしさに出会い、読書を通じて人生を豊かにできるような環境づくりを進め、子どもたちの健やかな成長を目指すことを目標としている。家庭・地域・図書館・学校における読書環境の整備と市民への啓発を柱とし市民との共働の視点で施策を進めていく。具体的には、福岡市子どもと本の日の創設や子ども読書フォーラムの開催、学校における読書活動の充実などを計画している。

◎学校図書整備費（図書購入費）について

Q　国においては、学校図書館図書整備五ヵ年計画（平成一四年度から五年間）で図書購入費として、毎年約一三〇億円、総額六五〇億円を交付税措置し、学校図書資料の計画的な整備を図ることとしていますが、福岡市の措置額はいくらですか。

A　平成一六年度の普通交付税の算定において、小学校分として約六千万円、中学校分として約五三〇〇万円が基準財政需要額に参入。

Q　小・中学校それぞれの五年間の学校図書整備費と新年度予算額を教えて下さい。

A　一二年度　小学校七三〇九万円　中学校九五三三万円

一三年度　小学校七三九九万円　中学校七四九六万円

一四年度　小学校九九七七万円　中学校七三三三万円
一五年度　小学校九九四七万円　中学校六六二九万円
一六年度　小学校九八七八万円　中学校六五〇五万円
一七年度　小学校六七四七万円　中学校六一六二万円

Q　平成一七年度の小学校の学校図書整備費は一六年度に比べて三一〇〇万円も減っていますがどうしてですか。

A　平成一四年度から一六年度まで、本の好きな方のご遺族から寄附金があったため、予算を増額していたもの。

Q　その寄附の目的は何だったのでしょうか。どのように予算に生かされたのでしょうか。

A　寄附の際、これからの社会を担う子どもたちの健全育成のため、児童図書の購入に当ててほしいという申し出があり、総額九〇〇〇万円を平成一四年度から一六年度までの三年間、小学校の児童図書整備事業および福岡市総合図書館の児童図書購入費とした。

Q　学校図書整備費は平成一二年度をピークに減少を続けています。なぜ減少しているのでしょうか。今年、「福岡市子ども読書活動推進計画」を策定し、実施しようとしている福岡市の方針に逆行するものと考えますが、ご所見をお伺いします。

A　児童生徒が全体的に減少しているほか、平成一五年度から福岡市全体の財政状況をふまえ、学校図書についても緊縮型の予算編成で節減に努めている。減少はしているが、基準財政需要額以上の額を予算化している。

◎学校司書配置事業について

Q　教育委員会で定めている司書教諭と学校司書との職務の違いを教えて下さい。

A　司書教諭の職務は、学校図書館の活用および読書指導における校内の協力体制の中心として、これらを企画立案し推進するもの。学校司書の職務は、司書教諭等と連携し、学校図書館運営の実務的な業務を行うもの。図書ボランティアの指導助言も行う。

Q　司書教諭は専任ではなく、授業時間の軽減もほとんどない勤務状況で、学校図書館運営に司書教諭として充分な役割が果たせると考えますか。

A　司書教諭については、その職責を充分に果たせるよう、各学校の実情に応じ、校務分掌上の工夫を行うなど、教職員の協力体制の確立に努めている。

Q　国の基本計画の中にも、校長のリーダーシップのもと、司書教諭が中心となって学校図書館の機能の充実を図ると述べられています。福岡市でも校長に対する学校図書館の研修等も、必要ではないでしょうか。

A　校長・園長に対する「学校教育指導の重点」の説明会の際、図書館教育充実のための方針策定や指導体制づくりのあり方を具体的に説明するとともに、学校図書館が学習・情報センターや読書センターとして充分機能するようその充実について指導している。

Q　福岡市での学校司書配置事業の推移について教えて下さい。

A　平成八年度に小学校に学校司書一名を配置し、以後、配置校数、配置人数を順次拡大し、平成一五年度に七名まで拡大した。平成一六年度からは一五名に増員し、一名が二校を担当。現在、小学校二三校、中学校七校の計三〇校に配置している。

Q　新年度の学校司書の採用試験がこのほど行われたと聞きましたが、一五名の採用に対して受験者は何人（女性何人、男性何人）でしたか。

A　学校司書採用試験受験者数　女性一一三名　男性一一名　計一二四名。

Q　図書館司書の有資格者のみ受験できる採用試験に多くの受験者が集まるということは、人材はいるということだと考えられます。現在、一人二校兼務で、一五名三〇校に配置されているとのことですが、学校司書配置による成果について教えて下さい。

A　学校図書館の整備が進み、児童生徒が利用しやすくなったこと。
学校司書が読書相談に応じることで、児童生徒が本に親しむ機会が増えたこと。
昨年と比較して児童生徒一人当たりの月平均読書冊数が増えたこと。

Q　今の回答でも分かるように、素晴らしい成果が上がっていますね。また、教育長は、三月一四日に行われたY小学校での英語研究発表会に参加された折に「まず図書室を見たい」とおっしゃったとお聞きしています。教育行政のトップにいらっしゃる方が学校図書館に関心を持っておられることを嬉しく、頼もしく思います。「福岡市子ども読書活動推進計画」おいて学校司書配置の充実とありますが、具体的な数値を示すことはできないのでしょうか。今後の配置予定についてお聞かせ下さい。

A　一五名の学校司書が二校ずつ担当することで合計三〇校に配置しているが、今後ボランティアを立ち上げ、一定期間毎に配置校を移すことにより全校へ効果を広げていく。*

Q　さいたま市では、平成一七年度中に学校司書の小・中学校への全校配置が完了します。千葉市は小学校一一九校すべてに配置が終わっています。福岡市の場合、小・中学校二一二校中、二校兼務でわずか三〇校。中学校にも学校司書が必要であることは間違いありませんが、教育の均衡、公平のためにも、せめて小学校だけでも一四四校すべてに学校司書が必要だと考えますが、教育委員会としてはいかがお考えでしょうか。ボランティアでできないことがたくさんあるので是非全校にお願いしたい。

A　一定期間毎に学校司書の配置校を移すことにより、学校図書館の整備、学校図書館ボランティアの育成などの効果を全校に広げるよう努めていく。

Q　現在、兼任という勤務形態ですが、本来は常時、図書館に在室すべきです。週二～

三日でも一校に専任で勤務できるようにしてほしい、という学校司書の声もありますが、いかがお考えでしょうか。

A　学校司書については現在、一人年間一五〇日の勤務日数を二校で協議のうえ各学校における勤務日を決めているが、より効果的な勤務のあり方について今後研究していく。

Q　平成一六年二月三日に出された文化審議会答申「これからの時代に求められる国語力について」では、読書活動推進の取り組みとして、「学校図書館に『人がいる』ことが大切」と述べています。また、その答申の中には「子ども読書活動推進計画」においては抽象的な目標でなく数値目標を示すことが望ましいとされています。これらのことから、「人がいる」学校図書館をめざして学校司書の全校配置を強く求めるものです。図書は知的財産の象徴です。読書は知的活動の重要な基礎のみならず、感性の育成、文章の表現力、考える力を培うために重要な役割を果たすものです。文字で書かれた問題の意味が理解できない子どもや青年（大学生）が多くなっているといわれる今日、明日の日本を支えるため、子どもたちにもっと読書をすすめる環境づくりは私たち大人や行政の責任と考えます。

　市は大きな負債を抱えて大変な財政状況にあることは認識しています。また、この地震による被害者の救済、復興にむけて莫大な予算が必要です。しかし、未来を背負っている子どもたちの一〇年後を見すえ、今こそ教育にお金をかけるべきではないでしょうか。市としての責任ではないでしょうか。小・中学校全校への学校司書の配置が現状では困難であるならば、まずは小学校一四四校に専任の学校司書の配置を切に願いますが、市長の学校図書館に対する前向きなご答弁をお願いします。

A　読書が子どもの人格形成に果たす役割は極めて大きく、さまざまな読書経験によって子どもの情操を豊かにしたり、国語力の基礎を育んだりすることが期待できる。子どもが本に親しみ、読書が楽しめる環境を作っていくことは、とても大切なことだと考えている。図書館は大変大事な施設と考えている。本市では「福岡市子ども読書活動推進計画」を策定中であり、その計画の中でも、家庭、地域、図書館、学校がそれぞれの役割を果たしていくと共に、お互いが、連携しながら子どもたちの読書への関心を高めることを目指している。この計画の趣旨に沿い、教育委員会と連携しながら学校図書館の一層の充実を図っていく。（市長）

傍聴して思うこと

金出議員が学校図書整備費が平成一二年度をピークに減少しているのはなぜかと質問したのに対して、「児童生徒が全体的に減少しているほか、平成一五年度からは福岡市全体の財政状況をふまえ、緊縮型の予算編成で節減に努めている」と教育長は答えています。

しかし、昨年（二〇〇四年）九月定例議会で、東区の人工島に新設する小中学校の用地購入・設計費約四六億円を盛りこんだ補正予算が可決されています。児童生徒が減少し、しかも、緊縮型予算が求められている現在、小中学校の新設が必要でしょうか。それより も、学校図書館が学習・情報センター、読書センターとして充分機能するように、小学校一四四校だけでも学校司書の全校配置（一人一校）が必要だと考えます。それにかかる予算は約一億六三〇〇万円だそうです。

*その後、二〇〇九年一二月一五日の福岡市議会で金出公子議員の質問に対して、教育委員会は「二〇〇九（平成二一）年度から学校司書を三〇名に増員し、中学校ブロックを中心として小中学校六〇校に二年間の期間で重点配置をしており……」（福岡市議会ホームページ・議事録より）と答えています。

（「身」会報四五号、二〇〇五年五月三〇日）

税金生かすなら学校に司書を

金融広報中央委員会が開いた「おかねのシンポジウム２００４」で、福井日本銀行総裁（当時）が「国や地方自治体はお金の使い方が下手だ。みんなの夢の実現のために税金が使われているかもっと監視しないといけない」と呼びかけたそうです（「西日本新聞」二〇〇四年九月一九日）。福岡市の二〇〇四（平成一六）年度九月定例議会で、人工島に新設する小中学校の用地購入・設計費約四六億円を盛り込む補正予算が可決されたといいます。子どもの人口が減っているのに小中学校新設の必要があるのでしょうか。今、小中学校では、「総合的な学習の時間」を初めとする「調べ学習」をするために、また「子どもの読書活動の推進に関する法律」の成立以来子どもの読書推進のために、学校図書館の役割が重みを増しています。

運営の中心になる司書教諭が一二学級以上の学校には配置されていますが、学級担任や教科担当との兼任であり、学校図書館に携わる時間は少ないと聞きます。一一学級以下の学校も含めて、司書教諭の専任化や学校司書の配置に税金を使ってほしいと思います。

（「西日本新聞」二〇〇四年九月二七日）

図書館司書の配置に予算を

「子どもの読書活動の推進に関する法律」の成立以来、子どもの読書推進が叫ばれています。その推進の要となる学校図書館に司書配置をと要望すると、予算がないと言うばかりで取り合ってもらえません。

また、本年（二〇〇四年）度、市内に生まれた赤ちゃんに、保健所での乳児健診時に絵本を贈るブックスタート事業が始まりました。これは単に本を渡すだけでなく、ブックスタートの趣旨を親に説明し、さらに図書館を中心に乳幼児向けのおはなし会などを開き、子どもが成長に応じて、継続的に本と出会うことができる環境を整える体制を作っていく運動で、二〇〇〇（平成一二）年の「子ども読書年」のなかから生まれた事業です。発祥地・イギリスや国内の多くの自治体では図書館員が趣旨を説明して本を渡しています。福岡市は緊縮財政のため図書館員を保健所に派遣する予算がないとして、読書ボランティアを使っています。

緊縮財政といいながら、人工島事業直轄化のため四〇〇億円の税金を投入する余裕があるのなら、次代を担う子どもの教育にきちんと予算をつけてほしいものです。市立の全小学校に学校司書を配置しても二億円足らずなのですから。

（「西日本新聞」二〇〇四年一二月一〇日）

司書は常駐が必要

「西日本新聞」（二〇〇五年九月一九日）の記事「どんどん使おう身近な図書館」は七月に成立した「文字・活字文化振興法」を含め、分かりやすく図解されています。

昨年（二〇〇四年）度、私は「福岡市子ども読書活動推進計画」策定委員になり、市内の学校図書館をいくつか見せてもらいましたが、その時感じたことがあります。図書館はあっても、子どもに本を手渡してくれる人がいないため、〝本の倉庫〟になっている学校図書館が多いのです。二〇〇三（平成一五）年度から一二学級以上の学校に司書教諭が配置されたものの、学級担任などとの兼務なので、一日中、図書館に常駐はできないのです。やはり、子どもと本をつなぐ専任の司書が必要です。子どもや先生へのレファレンス・サービス、一年間に六万点以上が出版される書籍の中から選本できる司書専門職が必要だと思います。

また、福岡市で昨年（二〇〇四年）から始まったブックスタートを本物の事業にするには、赤ちゃんを抱いて歩いて行ける所に公立図書館が必要です。

（「西日本新聞」二〇〇五年九月二六日）

鶴岡市立朝陽《ちょうよう》第一小学校を見学して

二〇〇六（平成一八）年一〇月四日、山形県の鶴岡市立朝陽第一小学校の学校図書館とその教育現場を見学しました。

ここでは図書館活用教育を学校運営の中核にすえ、それを学校長を初め全校で取り組んでいるところが特徴的です。担任を中心にして司書教諭、図書主任、学校司書が連携して運営にあたっています。学校司書は専任、専門、正規の職員で学校図書館に常駐していま

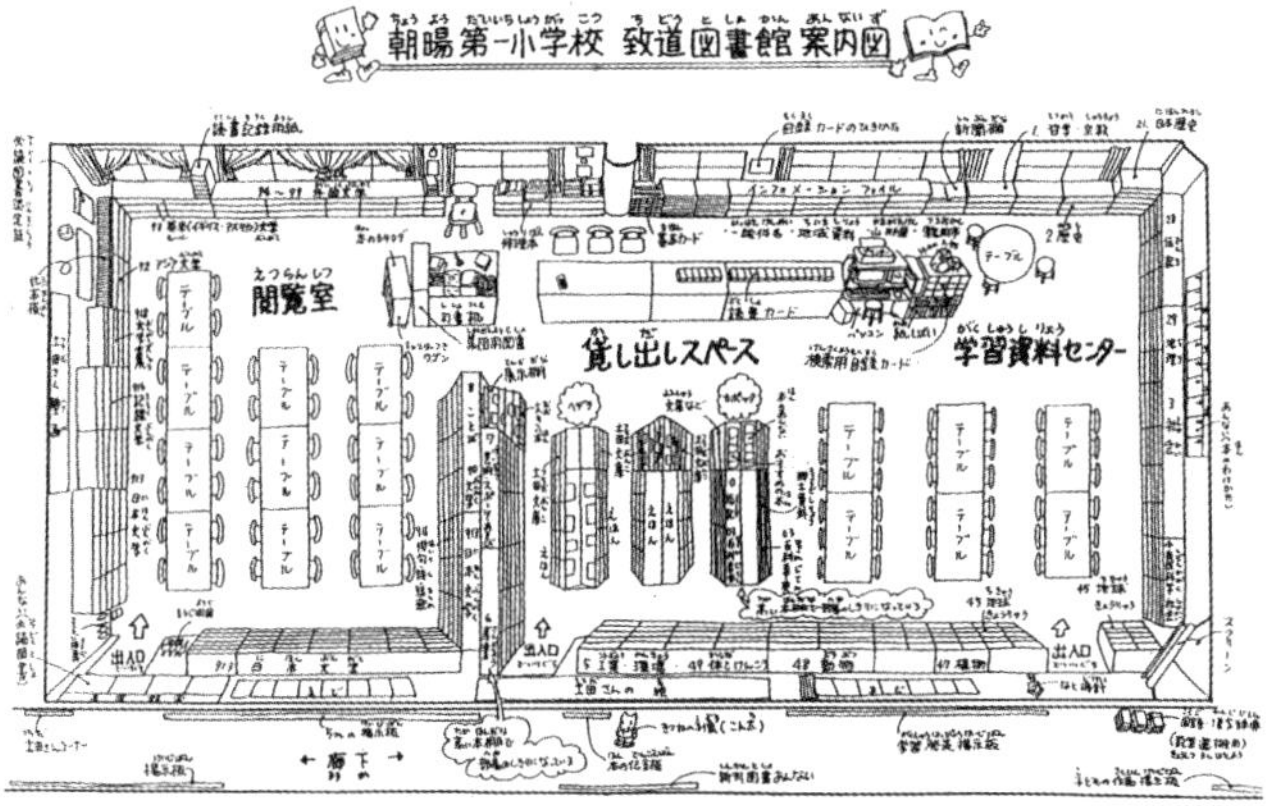

『こうすれば子どもが育つ　学校が変わる』
（鶴岡市立朝陽第一小学校編著、国土社より）

年度別一人当たり貸し出し冊数の推移

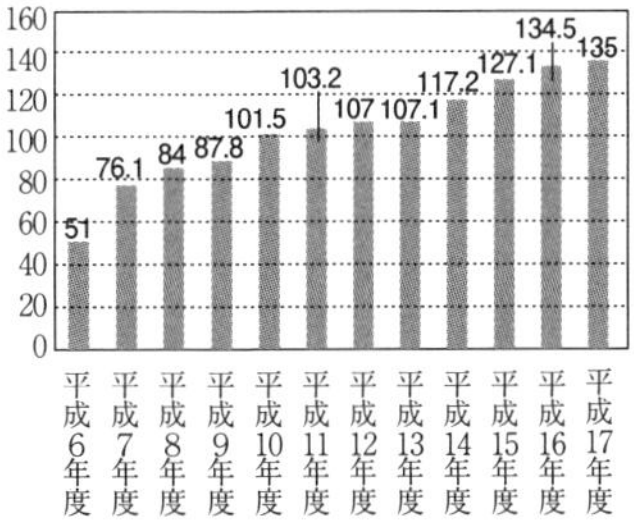

年度別読書支援を行った児童数の推移

6月時点で個別の働きかけが
必要と判断した児童数の推移

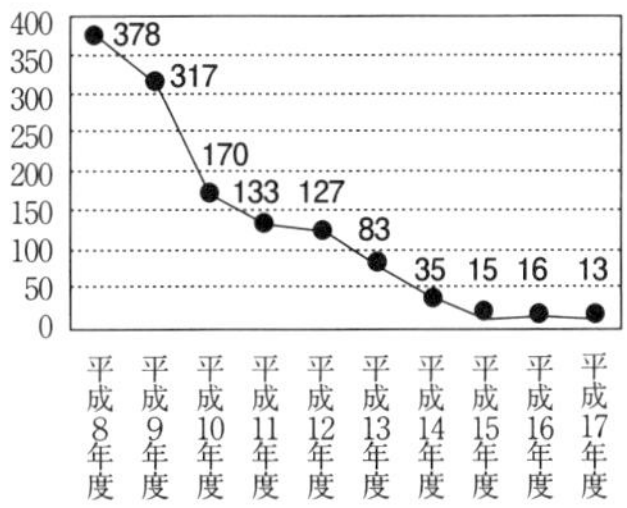

資料「『図書館活用教育』を学校経営の中核に据え、心豊かな生涯学習者を育む」（鶴岡市立朝陽第一小学校　平成18年4月発行）を参照

す。図書館は二教室分の広さがあり、閲覧室と学習資料センターに分かれていて、そのどちらにも机と椅子を並べ、二学級が同時に図書館で授業を行えるようになっています(前頁案内図参照)。資料を借りるために授業中に図書館を訪れる学級もあり、毎時間、少なくても一学級、多いときは四学級や五学級がひしめき合うことも珍しくないそうです。

また、一年生の時から学年に応じた図書館の利用指導(オリエンテーション)を行っており、「調べ学習」の技術を身につけさせ、育成していくそうです。資料を使って調べ学習をし、まとめ、発表する機会を取り入れた結果、情報活用能力や、「読む」「書く」「話す」「聞く」という国語の総合的な力が向上してきたということです。

読書指導にも力を入れています。読書力に裏づけられた国語の力によって他の教科でも学力が伸び、生活面でも改善が著しく、三年前から不登校児童はいないとのことです。

「図書館活用教育」を学校運営の中核にすえ、図書館活動に取り組み始めたのは一九九五(平成七)年のことだそうで、今年で一二年がたっています。

一人あたりの平均読書冊数は、九四(平成六)年度の五一冊から〇五(平成一七)年度には一三五冊へと増加したそうです。不読傾向の児童も九六(平成八)年度の三七八人から〇五(平成一七)年度には一三人へと激減しています(前頁グラフ参照)。

(「身」会報五一号、二〇〇六年一二月二五日)

ゆとり教育、失敗論は尚早

二〇〇六（平成一八）年六月、教育再生会議の第二次報告が出されました。報告では、いわゆる「ゆとり教育」を失敗と結論づけています。が、競争と選別に教育の活性化を委ねる論で納得できません。

学力低下傾向の原因をゆとり教育の象徴である総合学習と結論づけるのは時期尚早だと思います。「総合的な学習の時間」を初めとして「調べる学習」が取り入れられて五年しかたっていません。それまでの詰めこみ教育から、自ら学び、自ら考え、主体的に判断し、行動する力を育成する教育へと転換を図ったばかりです。私は昨年（二〇〇六年）、図書館活用教育で有名な山形県鶴岡市立朝暘《ちょうよう》第一小学校の教育を見学しました。図書館の資料を使った「調べ学習」の技術を身につけさせて育成していき、読書指導にも力を入れ、読書力に裏づけられた国語の力により全体の学力が伸びています。

二〇〇二（平成一四）年度、国は学校図書整備五ヵ年計画にも着手しました。二〇〇三（平成一五）年度からは一二学級以上の小学校、中学校、高等学校に司書教諭が配置され、学校図書館を学習・情報センター、読書センターとして学校教育のなかに位置付けようとしてきました。

ただ、学級担任などとの兼任で図書館にかかわれない司書教諭が多いと聞きます。であるなら、一一学級以下の小規模校も含め、司書教諭の専任化や学校司書の配置で図書館を活性化してほしいと願います。


（「西日本新聞」二〇〇七年七月二五日）

赤ちゃんに言葉の贈り物

二〇〇四（平成一六）年八月から、いよいよ福岡市でブックスタート事業が始まりました。赤ちゃんに絵本を読んで聞かせることで親子のふれあいを深めてもらおうと、乳児健診のときに絵本の入った「ブックスタート・パック」を贈る事業です。

これまでも、二〇〇二（平成一四）年九月から各区の保健福祉センターで四ヵ月健診を受ける赤ちゃんと保護者に各区図書館おはなし会のボランティアが二人ずつ出向いて、絵本の読み聞かせの実演やわらべうたの紹介をしてきました。区によって違いますが、月に三回ほど、一〇分間ほどの実演を健診の合間に三、四回行います。赤ちゃんがわらべうたに興味を示し、手足をバタバタして喜ぶのを目の当たりにすると、やりがいを感じないわけではありません。

しかし、市内七区、一年間に二四〇回の乳児健診時に、初めて絵本に触れるであろう赤ちゃんは一万三千人。一回の健診に六〇組前後の親子が訪れ、健診の合間に保健師または

ボランティアがブックスタート・パックを渡すというハードなスケジュールでは、メッセージを伝えながら絵本を渡すというブックスタート本来の趣旨が、本を贈られる親子に伝わっているとは思えません。

ブックスタート事業とは何なのか、原点に返って考えてみましょう。「特定非営利活動法人ブックスタート」が出している〝ブックスタートの大切な五つのポイント〟の一つに、「ブックスタートは赤ちゃんと保護者が絵本を介して向き合い〝あたたかくて楽しい言葉のひととき〟を持つことを応援します」とあります。母乳やミルクが赤ちゃんの体の成長に必要なように、赤ちゃんの心をはぐくむには、言葉をかけることが大切だということでしょう。

今、若い母親の中には、赤ちゃんにどう接していいか分からなくて、大人に声をかけるように言ってしまうとか、「〇〇ちゃん」と話しかけることができないとか、子どもに歌

うのは恥ずかしいという人もいるようです。そのためか、親と目を合わせることができない子や他人とコミュニケーションがとれない（子ども同士で遊べない）子どもが増え、問題になっています。

そんな母親たちに、赤ちゃんはとても耳が良くて聴き取る力があるのですから、たくさん語りかけてあげてほしいこと、語りかけられることで心がはぐくまれ、やがて子どもが自分の気持ちを言葉で表現できるようになることを伝えることが必要です。父母からたくさんの言葉をかけてもらわないと、子どもは言葉を習得できないことを保護者に自覚してもらうのがブックスタートの目的の一つです。

最近、テレビの長時間視聴の問題が浮かび上がってきました。授乳中や食事中にテレビやビデオをつけている家庭がとても多く、福岡市のNPO法人「子どもとメディア」が昨二〇〇三（平成一五）年度、北九州市内の小児科医院の協力を得て、保護者から聞いた結果、八〇％前後に上ることが分かりました（「西日本新聞」二〇〇四年四月二〇日）。また、テレビやビデオを長時間見る家庭の子どもは、そうでない子どもに比べ、言葉の発達が遅れることが小児科の医師たちの調査で分かり、医師たちは乳幼児期は言語の発達に重要な時期でテレビやビデオの影響は大きいとして、二歳以下の子どもにはテレビやビデオを長時間見せないなどの提言をしています（「西日本新聞」二〇〇四年三月三〇日）。実際、一日に七、八時間テレビやビデオを見ていた一歳八ヵ月の乳幼児が、なかなか言葉を覚えず、親とも視線を合わさないという報告があり、これに似た事例がたくさんあるといいます。テレビの長時間視聴で、親や友達との会話やふれあいが減るため、社会性や対人関係の成長が阻害されるという問題も起きています（「西日本新聞」二〇〇四年一月一七日夕刊）。

このことからも、乳幼児期に言葉をかけることの大切さが分かります。この言葉かけの延長上に、わらべうたや子守歌を歌って聞かせること、絵本を読んで聞かせることがあり、ブックスタートはこのことと関係があると思います。絵本が、言葉や読書にかかわるものであることを考えると、絵本を手渡すのは保健師やボランティアではなく、本のプロである図書館員であってほしいと願うものです。

ブックスタート事業を図書館が責任ある部局として開始した都市の、ある図書館員の言葉です。

「ブックスタート事業はきっかけに過ぎません。その目的は親と子のふれあいにあり、必ずしも読書そのものにはないのですが、このきっかけを幼少期の親と子で終わらすことなく、子どもの成長に伴って継続的に本に親しむ環境を整備していくこと、この部分で、そのときどきのボランティアではなく、公的課題として行政が行う意味があるのではないでしょうか。図書館が責任を持つ部局としてかかわる必要があるわけです。生涯にわたる住民への資料・情報提供サービスの視点がなければならないし、そこからブックスタート事業を組み立てていかないと、生きがいボランティアの事業で終わってしまいます」。

（「身」会報四二号、二〇〇四年一〇月二八日）

赤ちゃんにわらべうたを

かれっこやいて　とっくらきゃしてやいて
しょうゆつけて　たべたらうまかろう

これは、子どもの凍えた手を暖めてやるためのわらべうたです。「博多図書館どようおはなし会」では、四年ほど前から「赤ちゃんおはなし会」（月一回ですが）を開いていて、そこにボランティアとしてかかわっています。乳幼児が対象なので、絵本だけで赤ちゃんの興味や関心をつなぎとめるのは難しく、わらべうたを取り入れる必要性を当初から感じていました。昔の人は、赤ちゃんをあやすわらべうたをたくさん知っていたようですが、私たちは伝承のわらべうたを知りません。講習会に参加し、何度も歌って自分のものにし、おはなし会で若いお父さんやお母さんと一緒に歌うようにしています。

ここはとうちゃん　にんどころ
ここはかあちゃん　にんどころ
ここはじいちゃん　にんどころ
ここはばあちゃん　にんどころ
ここはねえちゃん　にんどころ
だいどう　だいどう　こちょこちょこちょ

この歌のように、命のつながりをさりげなく歌っているわらべうたもあります。父母に一緒に歌ってもらいながら、子どものほっぺやおでこに触れてもらうと、赤ちゃんがキャッキャッと笑い、皆幸せな気持ちになります。

わらべうたの力に気が付いたのは、地域の保健所で行われる乳児健診の場に読書ボランティアとして出向き、ブックスタート事業の目的などを伝える中で、わらべうたを紹介したときです。

ぎっちょ　ぎっちょ　こめつけ　こめつけ
ぎっちょ　ぎっちょ　こめつけ　こめつけ
コメツイタ

とか、

メン　メン　スー　スー　ケムシニ
キクラゲ　チュ

などの短いわらべうたをお母さんたちに歌ってもらいながら、子どもの手や顔にさわってもらったところ、お母さんと赤ちゃんの間にとてもなごやかな雰囲気が生まれたのです。

初めて育児に携わる母親にとっては、乳児健診とその後の保健指導や離乳食の勉強などで頭の中がいっぱいであることを慮《おもんばか》って、ほっと一息つけるような、簡単な短いわらべうたを紹介するようにしています。

それから、健診の合間に母親一人一人に「赤ちゃんはとても耳が良くて聞き取る力があるのですから、たくさん語りかけてあげてね。歌も歌ってあげてね。そうすることで心や情緒がはぐくまれます」と話します。が、怪訝そうな顔をする母親が多いので、あるときから、一人一人の赤ちゃんに、

にぎり　ぱっちり　たてよこひよこ
にぎり　ぱっちり　たてよこひよこ
ピヨピヨ

と、歌うことにしました。歌うと赤ちゃんがニコッと笑います。手足をバタバタ動かして

反応する赤ちゃんもいます。わが子の反応に驚くお母さん。わらべうたの効果に私たちボランティアもびっくりです。

このごろは、若い母親の中には、赤ちゃんにどう接していいか分からないとか、子どもに歌うのが恥ずかしいという人もいるようです。

以前、斎藤惇夫著『現在《いま》、子どもたちが求めているもの』（キッズメイト刊）でこんな話を読んだことがあります。

「三歳までは、どうせこちらの言うことは理解できないのだから」と話しかけなかったという母親がいたそうです。その子は奇声を発したり、とても情緒が不安定だったそうです。そうしたら、ある図書館に、子どもの手を握れない、膝に抱けない母親が来ました。図書館員は驚きながらも、「わらべうた」のグループに親子で入ってもらい、一緒に歌って遊んだそうです。翌日からすっかり、その子の表情が、生き生きと変わったということでした。

生まれてから一歳あるいは一歳半までは言葉の胎生期で、言葉をしゃべり出すための土台ができあがっていく時期だといわれます。一歳（一歳半）で三つか四つの言葉をあやつるようになりますが、その下地として約一千語の貯えがあるといわれます。父母から誠実な言葉をたくさんかけてもらうことが大切なのです。

それから、テレビの長時間視聴の問題があります。テレビやビデオを長時間見る家庭の子どもは、そうでない子どもに比べ、言葉の発達が遅くなることが小児科の医師たちの調査で分かりました。医師たちは、「二歳以下の子どもには、テレビ・ビデオを長時間見せない」などの提言をしています。テレビの長時間視聴で、親や友だちとの会話やふれあいが不足すると、社会性や対人関係の成長が阻害されるというのです。

また、日本で最近起きている少年少女の事件の背景について、作家の柳田邦男氏は「核家族化と親の愛情不足の中で、幼いころからゲームやテレビに浸っている子どもの物事の考え方は自己中心的で、現実と仮想現実の区別が付かない。親や友だちと遊ぶ時間が少ないので、言語力や感情の分化発達が六～八歳で止まっている中・高生が多い」（「朝日新聞」二〇〇六年四月一二日）と述べています。同紙面で柳田氏は「IT革命という21世紀型技術の負の側面は、言語文化への浸食と、特に子どもの心と言葉の発達を遅らせることにある」とも指摘しています。

テレビ・ビデオやパソコン、携帯電話など多様な情報媒体（メディア）の中で生きていかねばならない子どもたちだからこそ、生まれたときから、親の声で言葉をしっかり届けてほしいと思います。

（「身」会報五三号、二〇〇七年六月二七日）

chapter 3

身近に図書館がほしいと思っているひとりの市民としていま心配なこと。

図書館は文化と知識の上水道

「町に図書館ができることは、地域に文化・知識の上水道ができること。図書館はその蛇口の役割を果たし、上質の水が流れてくるのです」という糸賀雅児氏（慶應義塾大学教授）の講演を聞きました。たとえその図書館にない資料でも、県立図書館や県内外の図書館の資料が流れてきて、ダムや貯水池の水を的確に使えるというのです。

図書館がなくても公民館があるからいいではないかとよく言われます。福岡市には小学校区に一つの公民館があります。たしかに公民館は、これまで社会教育の役割を果たしてきました。家庭教育学級、婦人学級、高齢者教室などですが、集団学習形態が主になっています。生涯学習を考えると、これからは基本的には個人学習が主になり、その多様な学習ニーズに答えられるのはやはり図書館なのではないでしょうか。読みたい資料をリクエストできるのは図書館だけです。たった一人の人がリクエストした資料を、図書館は草の根を分けても探し出してくれます。

また、今日、一年間の出版点数が六万点を越えるという情報の洪水の中で、「情報を選びとっていく浄水機能も図書館は担っています」という糸賀氏の言葉にうなずかざるを得ませんでした。良質の出版文化を支えていくのも図書館であり、買い支え、読み継がれるものを伝えていく役割を持っているわけです。そのためにも、情報を選別できる司書専門職、経験を積んだ職員が必要です。

（「身」会報二二一号、二〇〇〇年一月二六日）

総合図書館の八番目の分館

一月末に福岡市博多区に開館した博多南図書館は、開館後四〇日間、一日平均千人近くの来館者でにぎわったということです。二月から月二回子ども向けのおはなし会を開くことになり、有志を募集したところ三〇人が登録。その勉強会も開かれています。

この図書館は福岡市総合図書館の八番目の分館としてオープンしました。この地域の人々にとって、図書館がなければ一冊も本を借りることができなかったわけですが、開館したことにより、ここの蔵書六万冊だけでなく、総合図書館と他の七分館の百万冊近くの本を借りることができます。

「図書館ができることは地域に文化・知識の上水道ができること。図書館はその蛇口の役割を果たす」という糸賀雅児氏の言葉をかみしめています。

今年は子ども読書年。子どもの読書離れが叫ばれて久しいですが、日々の生活圏の中に図書館があることは、就学前の子どもと読書の結びつきにとって、とても大切なことだと思います。

（「西日本新聞」二〇〇〇年四月一五日）

町づくりは図書館を核に

福岡市は新年度の機構改革で、公民館を所轄していた各区の市民センターを、区役所に編入するとのことです。「公民館と区役所のつながりを強めるのがねらい」だとか。市内の公民館を順次、建て直す予定とも聞きます。

しかし、なぜ公民館なのでしょうか。生涯学習の拠点としてなら、図書館のほうが適しています。なぜなら、図書館には本やビデオ、ＣＤなどの資料がそろい、自由に借りることができるからです。講演会を開いたり、音楽会や展示会などを開催できるのは、公民館も同じではあるけれども。

また、図書館は多くの情報が集まる場所であると同時に、地域の情報を発信する、情報センターとしての機能も持っています。さらに、赤ちゃんから高齢者まで、さまざまな立場の人が集まってきて、交流が生まれる場所でもあり、地域の活性化に役立ちます。

図書館を核にした街づくりを考える時期に来ているのではないでしょうか。

(「西日本新聞」二〇〇一年三月一〇日)

乳幼児から高齢者まで支える図書館

六、七年前から市民センターや公民館が育児講座を開くようになり、その講座を受けた若いお母さんたちの育児サークルづくりが活発です。

その育児講座の中に「絵本の読み聞かせ」が入っていたり、育児サークルの世話人から直接、絵本の読み聞かせに来てほしいという電話をもらって、出かけて行くことが多くなりました。

〇歳から三歳ぐらいまでの乳幼児とその母親が対象です。一時間から一時間半、絵本の読み聞かせだけでは時間が持ちませんから、わらべうたを歌ったり、手遊びをしたり、パネルシアターをしたり、お母さんたちにタオル人形を作ってもらったりしながら、その合間に絵本の読み聞かせをします。持っていった絵本は紹介を兼ね、親しんでもらうために手にとって見てもらいますが、その場で本を貸し出せたらいいなと思います。市民センターの場合は同じ建物の中に図書館がありますから、紹介した本の中から何冊かをすぐにでも借りて帰れますが、公民館の場合はそうはいかず、なかなか本と結び付くことができないようです。幼い子どもやその母親にとって、身近なところに図書館があるかどうかが、子どもが本に親しめるかどうかのカギになると思います。

このごろは、ある病院のデイサービスの場で、二人で三〇分ほどですが、高齢者に読み聞かせをしています。この場合も、読んだ後に、本の貸し出しができたら、高齢者が本に親しむ機会が増えるのではないかと思います。私は周りにテレビのみを友として過ごした高齢者を見てきましたので、本を読む時間も持てば、もう少し豊かな老後を過ごせたのではないかと思わずにいられません。

また、博多区内の小学校三、四校に出かけて、国語の時間に学年ごとに読み聞かせをしています。各学年、平均して学期に二時限（一時限は四五分）、一時限を二、三人で交替で読みます。読み聞かせた本に子どもたちは興味を示し、休み時間に本を手にとって見ていますが、それらの本は私たちが持ち帰りますので、子どもが借りて家でゆっくり読みたいと思ってもできないのです。学校図書館が整備されていて、紹介した本は学校図書館に揃えていますとか、専任の司書がいて子どもたちのリクエストにこたえますという状況にはないのが現状です。

このように、生涯学習にしても学校教育にしても、学習の裏づけをし、さらに発展させるためには、図書館が身近にあって、そこに司書がいて、必要な資料（本など）がそろっていることが必要ではないでしょうか。

（「身」会報二九号、二〇〇一年九月三日）

図書館は町のオアシス

二〇〇一（平成一三）年一一月一〇日、福岡県糸島地区でフォーラム「住民と図書館」

が開かれました。福岡県内各地で図書館づくり運動をしている人たちが呼びかけ人となり、地域住民、図書館職員、行政の担当者ら図書館にかかわる者が一堂に会して話し合います。これが五回目です。

前佐賀県三日月町図書館長の北島悦子さんが「図書館・まちづくり・子ども」のテーマで基調講演をしました。夏祭りの前夜祭に、一二時間途切れなくお話を語る「三日月百話物語」を企画し、図書館、子ども、若者たちがどのようにかかわったかというお話でした。

続いて、五人のパネリストが、それぞれの地域での取り組みについて報告しました。城島町では、図書館が開館して町民から「町の核ができた」「町のオアシスになった」という声が増えたとのことです。開館に際しては、読書以外にも将棋コーナーや視聴覚コーナーなど居場所づくりを心がけたとのことです。

嘉穂町では、公民館の図書室を発展させ、図書館開館につなげていく努力をしているところだそうです。図書室の予算を増やし、部屋を広げ、司書を配置。まずは移動図書館車を走らせ、親子対象の「おはなし映画会」を開催したり、本の返却ポストを町内に数ヵ所設置するなどして、今年（二〇〇二年）五月、図書館オープンの予定です。

夜須町の小学校の校長先生は学校図書館について紹介してくれました。学校司書が町職員として学校に配属されており、図書館は登校時から放課後まで開いており、教育活動の核として位置付けられている状況をお話ししてくれました。

勝山町図書館は、周辺の優れた図書館に刺激されて生まれました。住民にとっての身近なサービスとは何かを職員たちが考え、保育園や小学校に本を届けました。これが一つの契機となり、親と先生を巻き込んで、図書館利用が広がり深まっていったということです。

フォーラムが開かれた前原市はいまだ図書館がなく、移動図書館を運行させている様子を報告。

これらの話を聞きながら、自分の住む地域の図書館サービスについて考えました。中学生や高校生が集まって情報を交換したり、何かを作り出せる空間が用意されているでしょうか。また、お年寄りが図書館に行き、落ち着いて座れる場所を見つけることができるでしょうか。図書館は、美術館や博物館や体育館など特定の目的のために設けられた施設とは違い、すべての住民、さらにいえば基本的には団体ではなく個人を対象にした日常施設です。サービスは公平に行き渡らなければなりません。

会場では、読みたい本があり、心地よい時間を送れる素敵な図書館のある町に引っ越したい、との声が聞かれました。図書館に対する取り組みが不充分な地域が少なくないということでしょう。


（「西日本新聞」二〇〇二年二月二二日）

図書館の民間委託に反対

「知識や情報の共有化で社会を豊かにし、国を強くしていく。そのために公共図書館がある」、「韓国では図書館振興法を作り、公共図書館長は司書資格を持った者でなければならないと規定。中国でも図書館に力を入れている」。前千葉県浦安市立図書館長、常世田《とこよだ》良《りょう》氏の言葉です。

今、日本の図書館事情は非常に遅れています。館長どころか指示・決定権を持つ役職を司書資格のない人が担当しています。情報基盤である図書館のジリ貧は国力弱体化を招き、国際競争力も衰えるのではないかと心配です。

不況のなか、図書館の予算が減らされても、安上がりの民営化になっても仕方がないという空気が漂っています。「民でできることは民で」などという言葉に簡単に納得してしまう国民とは何なのかと思います。民でできないから公（官ではない）にしたのではないでしょうか。公共図書館として蓄積してきた資料や情報、ノウハウを簡単に民間に託してほしくありません。

（「西日本新聞」二〇〇五年一〇月九日）

民間委託はなぜ危険か

図書館を利用し始めたのは幼い三児を育てている時です。子どもに読み聞かせる絵本を当初は買っていましたが、だんだん経済的に負担になっていった時、子どもにも貸してくれることを知り、どんなに助かったかしれません。嬉しかったのは、絶版になりあきらめていた本を手に取り読むことができた時です。本は近隣の図書館のものだったり県立図書館のものだったりしたこともあります。公共図書館は互いに連携、協力するネットワークを構築しているからだと知りました。図書館は市民がリクエストした本を草の根を分けても探し出してくれるすぐれた社会教育機関で、調べものにも応じてくれます。

その図書館が二〇〇三（平成一五）年に導入された指定管理者制度により民間委託の対象にさらされています。民営になったら公共図書館のネットワークから外れることになり、リクエストサービスを受けられないのではないかと危惧しています。子どもも利用する教育機関である図書館を民間に委託しないでほしいと願います。

（「西日本新聞」二〇〇六年二月二五日）

chapter 3

図書館民営化の果てに

戦前のわが国では、お上や国家からの恩恵としての図書館あるいは思想統制のための図書館という公立図書館観が支配的でしたが、戦後、図書館は地域住民の生活に必要な施設であるという認識と、そのような図書館の整備は自治体行政の責務であるという認識に基づいた東京都の図書館振興策（一九七〇年代）により、都内にたくさん図書館ができていったことを山口源治郎氏の講演で学びました。そして、一九八〇年代半ばから九〇年代に全国各地で図書館設置を望む声があがり、図書館建設が相次いでいきました。

公共図書館の素晴らしいところは赤ちゃんから高齢者まで誰もが利用できるということ、生涯学習時代の個人の多様な学習ニーズにこたえられるということです。読みたい資料をリクエストできるのは図書館だけです。図書館は市民がリクエストした資料を草の根を分けても探し出してくれるすぐれた社会教育機関です。長い年月をかけて資料や情報を蓄積している上に、近隣の図書館や県立図書館、さらには国立国会図書館まで互いに連携、協力しあうネットワークを構築していますし、資料を探し出してくれる司書職員がいます。

また今日、一年間に出版点数七万点を超えるという情報の洪水の中で、「情報を選びとっていく浄水機能」（慶應義塾大学教授・糸賀雅児氏の言葉）も図書館は担っています。良質の出版文化を支え、読みつがれるものを伝えていく役割も担っているわけで、そのためにも情報を選別できるプロ、経験を積んだ司書職員が必要です。

そういう図書館が身近にほしいと願って私たちは活動してきました。「仕事帰りに寄れるところに、エプロンがけで行けるところに、子どもの走っていけるところに図書館を」が合言葉です。また、二〇〇〇（平成一二）年の子ども読書年をきっかけに、子どもたちにとってもっとも身近な図書館である学校図書館のことにもかかわってきました。

ところが今、「聖域なき構造改革」のかけ声のもと、多くの分野で官から民への移管が進み、特に、二〇〇三（平成一五）年に導入された指定管理者制度により、図書館も民間委託の対象にさらされています。民営化したら、これまで公共図書館として蓄積してきた資料、情報、ノウハウを生かすことができるのか、互いに連携、協力しあう公共図書館のネットワークからはずされてしまうのではないか、読みたい資料を探し出してもらい手にとることができるのか、これからは学校図書館の支援も必要となるのにそれにこたえられるのか、と心配は尽きません。

ここはやはり原点に立ち返り、図書館の社会保障的性格を思い出し、公営で運営してもらいたいと願っています。

（『お～い図書館！』二〇〇六年二月）

中学校区に一館の図書館を

二〇〇六（平成一八）年六月に博多小学校で開かれた才津原《さいつはら》哲弘さん（当時、滋賀県東近江市立能登川《のとがわ》図書館長）の「地域に図書館があるということ」という講演で、才津原さんは図書館員として体験してこられたことを語りながら、福岡市の図書館の現状にも率直に言及しています。

まず、「中学校区に一館の図書館がなければ、その自治体に図書館があるといえない」と指摘しています。このことについては『地域と図書館』（慧文社）の著者・渡部幹男さんも、「一中学校区に一図書館を」と書いています。また、『新版　図書館の発見』（日本放送出版協会）で前川恒雄氏も「中学校区に一つの図書館」、さらには、「政令指定都市では一区一館でできあがったという感じだが、一区で中都市程度の人口があるのだから、一区内に複数の分館をつくることが当たり前になってほしい」と書いています。

この「中学校区に一館の図書館がなければ、その自治体に図書館があるといえない」という主張に反し、私たちの住む地域の図書館の実情とその考え方には大きな隔たりがあることを知ってほしいと思います。

別のところで才津原さんは、理想的な図書館とは「誰もが気軽に歩いて行けるように、中学校区に一つあること。市町の予算の一パーセントくらいを図書館の費用に充てることが条件です」と述べています。市の予算の一パーセントですから、図書館はそんなに費用のかかるものではないと思うのです。このこととは少し違いますが、前掲の『新版 図書館の発見』のなかにも、滋賀県の図書館発展の基礎的施策を実行した当時の滋賀県知事、武村正義氏が、国会議員に当選したあと、前川氏に「自分は知事のときいろいろな仕事をしたが、少ない経費で大きな効果をあげたのは図書館だった」と述べたとあります。

さて、才津原さんは「地域館としての機能を果たすためには、そこの職員の体制と毎年継続的にどれだけの資料を買っていくかという裏づけがなければ、図書館の分館としての機能を果たせない」と述べ、東近江市と福岡市東区の状況を具体的に比較してお話ししてくれました。

「東近江市の人口は一一万七千人で、六つの図書館と一つの公民館図書室があり、正規職員が二五人います。福岡市東区の人口は今、ちょっと分かりませんが（二〇〇六年度「福岡市総合図書館要覧」によると約二七万人、筆者注）、そこに七つの図書館があり、二五人の正規職員がいると考えてみればいいのです。東区では正規職員は一人か二人くらいでしょう。二人と二五人の差は一体何であるか。これはお金があるかないかの問題ではない。財政が厳しいとか厳しくないという問題ではない。なぜなら、能登川町はとっても財政が厳しい町でした。東近江市も同じです。（中略）図書館が何をするところか、税金をどのように使うかという能登川町の住民の判断です。あるいは行政の、町長や市長の判断です。財政が厳しくても、行政の課題として力を入れていかなければならないものです。なぜなら図書館というものがまちづくり、人づくりの要《かなめ》の働きをする場であるからです」（当時の講演録より）。

さらに、才津原さんは、図書館の「利用されている実態が市民にも行政にも見えるかたちで提示してゆくこと」が大切だとアドバイスしてくださり、「利用の実態が校区別に市民に明らかにされると、必然的に、どのように地域の拠点をつくっていかないといけないかが見えてくる。そのことを検討するための委員会なりをつくることが福岡市としては本当に緊急の課題だ」と述べ、「福岡市の場合、町別あるいは小学校校区別で、一人当たり年間何冊借りているかという数値を分布図の中に落としていくと、図書館の空白地域が分かります」と述べています。このアドバイスを受けて、講演会の主催者である「奈良屋まちづくり協議会」の方たちが、小学校校区別の利用者数から「図書館利用回数分布図」(『地域に図書館はありますか?』〈石風社〉に転載)を作りました。残念ながら、才津原さんの言う年間貸出冊数ではなく、年間利用回数ですが、それでも分布図の中に落としていくと、図書館の空白地域が分かります。

そして、ではどうすればいいのか。才津原さんは「特効薬は何もない、答えは天から降ってこないのです。その地域に住んでいる市民や行政の人たちが、図書館とは何をするところか、図書館とは何であるか、それをどのように考えるかが、その地域の図書館を決めていると思います」と述べています。

(「身」会報五六号、二〇〇八年四月一四日)

あとがきにかえて

身近な図書館を求めて活動してきた「身近に図書館がほしい福岡市民の会」が、一九九五（平成七）年の発足以来、今年で一五年になります。主に公共図書館に関心を寄せて活動してきました。この間、一九九七年に学校図書館法が一部改正になり、二〇〇三（平成一五）年度から一二学級以上の小学校、中学校、高等学校に司書教諭が配置されることになりました。これをきっかけに、学校図書館にも関心を寄せることになり、子どもにとって最も身近な図書館は学校図書館であることに気付くようになりました。

さらに、二〇〇〇（平成一二）年は「子ども読書年」でした。二〇〇一（平成一三）年には「子どもの読書活動の推進に関する法律」が成立し、二〇〇二（平成一四）年には国が「子どもの読書活動の推進に関する基本的な計画」を策定、それに基づく、都道府県の「子ども読書推進計画」の策定に際しては、福岡県の計画に関心を寄せてきました。「福岡県子ども読書推進計画」を策定中の二〇〇三年一一月に、私たち「身近に図書館がほしい福岡市民の会」が所属している県内各地の図書館づくり運動のグループや個人のネットワークであるフォーラム「住民と図書館」が中心になって、「子ども読書推進計画を私たちのものに」をテーマにフォーラムを開きました（185頁参照）。広瀬恒子さん（親子読書・地域文庫全国連絡会代表）が「本の喜びを子どもたちへ」と題した基調講演のなかで、山形県鶴岡市立朝暘《ちょうよう》第一小学校の学校図書館を紹介してくれたことが印象に残っています。

二〇〇四（平成一六）年六月三日、「福岡市子ども読書活動推進計画」の第一回策定委員会（私は委員としてかかわっています）が開かれましたが、その直前の一日に、長崎県佐世保市で小学六年生の女児が、同級生をカッターナイフで殺害するという事件が起きました。ノンフィクション作家の柳田邦男氏はこの事件について、「インターネットは人を殺すのか」という表現を敢えてして、「閉鎖的な自己中心世界の中で攻撃的な感情を増殖させ、抑制がきかなくなるという点で特異だ」（「西日本新聞」二〇〇四年八月三一日夕刊）と述べ、さらに「ケータイ・ネットに明け暮れると、子どもが自己中心的になり、他者の命や痛みを思いやる感情が育たないなど、人格形成にゆがみが生じる危険がある」（同紙面）と情報メディアに浸る今の子どもたちの現状に警鐘を鳴らしたのです。

「幼いころからテレビやゲームに浸っている子は、自分の気持ちを言語化する力や感情の細やかな分化や相手の気持ちをくみ取る力の発達が遅れる傾向にある」（「西日本新聞」二〇〇五年一二月一日夕刊、柳田氏の言葉）ことは、図書館や公民館などで子どもたちに読み聞かせをしてきた私たちも懸念していたことでした。ですから、「放置すると、この国の子どもたちの人間形成はゆがむばかりだろう」という氏の指摘には本当にそうだと危機感を抱きました。そして、ではどうしたらいいのかと心を痛めてきました。

さて、広瀬恒子さんの講演を聞いて鶴岡市立朝暘第一小学校のことを知ってから、三年後の二〇〇六（平成一八）年一〇月、鶴岡市を訪ね、朝暘第一小学校の図書館活用教育と学校図書館を見学することができました（210参照）。司書教諭は兼任ではなく専任に近い形で配置され、図書館には専任の司書が常駐しています。一年生の時から学年に応じた図書館の利用指導（オリエンテーション）を行っています。児童には図書館資料を使って「調べ学習」の技術を身につけさせ、育成していくということでした。また、読書指導にも力を入れ、読書力に裏づけられた国語の力によって他の教科でも学力が伸び、さらに生活面でも改善がみられた結果、不登校児童がいなくなったということでした。

鶴岡市から戻って間もなく、たまたま「たそがれ清兵衛」（原作・藤沢周平、監督・山田洋次）

という映画をテレビで見ました。江戸末期の下級武士である清兵衛は妻を亡くし、年老いた母と幼い二人の娘を抱え内職で糊口《ここう》をしのいでいます。貧しい暮らしのなかから、寺小屋に通う娘は父に尋ねます。「針仕事習って、上手になれば、いつか、着物や浴衣が縫えるようになる。だば、学問したら、何の役にたつんだろう」と。清兵衛は「学問せいば、自分の頭で、物を考えることが出来るようになる」、「この先、世の中どう変わっても、考える力をもっていれば、何とかして、生きていくことができる」と答えるのです。原作者である藤沢周平氏の出身地は鶴岡市です。朝暘第一小学校の図書館活用教育は〝清兵衛の精神〟と通じるものがあるのではないかと思いました。

「世の中どう変わっても、何とかして、生きていくことができる」。次代を担うすべての子どもたちにそういう〝考える力〟をつけてあげたいと思うのです。そう思ったら、柳田邦男氏の「人口が少なく財政規模の小さな市町村でも、自治体の長の価値観と情熱によって、すばらしい絵本館や児童書の充実した図書館をつくったり、学校図書室の整備と専任司書の配置に力を入れたり、絵本読み聞かせグループの支援をしたりしているところがあり、やろうと思えばできるのだ」（「西日本新聞」二〇〇五年一二月一日夕刊）という言葉に出会い、再び自らの活動について自問することになりました。

幼い時からテレビやゲーム、ケイタイやネットにさらされる今の子どもたちには、図書館を活用した教育が必要であると思いますが、学校図書館の役割の大切さが言われながら、その環境整備は不充分です。子どもたちによい教育環境を整えることが私たち大人の責任であるなら、司書教諭を専任にし、司書を配置して学校図書館を再生、活性化させるのは、大人の責務ではないでしょうか。

学校図書館法の一部改正による司書教諭の配置、「子どもの読書活動の推進に関する法律」の成立とそれに伴い「福岡市子ども読書活動推進計画」策定委員になったことをきっかけに学校図書館について考えてきたこと、主に「身近に図書館がほしい福岡市民の会」会報に書いてきたもの（二〇〇二年から二〇〇七年まで）を中心に第2章にまとめました。今年（二〇一〇年）は国民読書年であり、「福岡市子ども読書活動推進計画」を策定してから五年、計画の満了を迎え、第二次推進計画を策定する時期でもあります。その意味でも、第2章が参考になればと思います。

第3章には公共図書館について同会報に書いたもののほか、「西日本新聞」などに投稿したもの（二〇〇〇年から二〇〇八年まで）をまとめました。

それに、もともとは、わが子に本を読んで聞かせる親子読書から出発し、公民館での親子読書会活動、図書館や小学校での読み聞かせと、子どもの読書にかかわってきましたので、第1章には子どもたちと読んできた本や、人生で出会った本について書いたもの（一九八三年から二〇〇八年まで）をまとめました。

いろいろなところに書いてきた、あまりまとまりのないものを分類・構成して、一冊の本にしていただいたことは、この上ない喜びです。『おーい図書館！』『地域に図書館はありますか？』に続いてお世話になった石風社の藤村興晴氏に感謝申し上げます。ありがとうございました。

二〇一〇年二月

柴田幸子

柴田幸子（しばた・ゆきこ）
秋田県生まれ。山形大学人文学部文学科卒業。1976年より福岡市在住。1980年ごろより地域での読み聞かせを始める。現在、「博多図書館どようおはなし会」、「身近に図書館がほしい福岡市民の会」に所属。著書に『子どもと本と私』（海鳥社）、編著に『おーい図書館！』『地域に図書館はありますか?』（共に身近に図書館がほしい福岡市民の会編／石風社）がある。

あなたと読んだ絵本のきろく
そして大切な学校図書館のこと

2010年6月20日　初版第1刷発行
著　者　柴田幸子
発行者　福元満治
発行所　石　風　社
福岡市中央区渡辺通2-3-24
電　話092（714）4838
FAX 092（725）3440
印刷　九州チューエツ株式会社
製本　篠原製本株式会社